J. J. Sturz

Der Fischfang auf hoher See und rationell betriebener Küstenfischfang

Als einer der Hauptnahrungszweige des Deutschen Volkes und Grundbedingung einer Deutschen Flotte

J. J. Sturz

Der Fischfang auf hoher See und rationell betriebener Küstenfischfang
Als einer der Hauptnahrungszweige des Deutschen Volkes und Grundbedingung einer Deutschen Flotte

ISBN/EAN: 9783743431201

Hergestellt in Europa, USA, Kanada, Australien, Japan

Cover: Foto ©Andreas Hilbeck / pixelio.de

Weitere Bücher finden Sie auf **www.hansebooks.com**

Der

Fischfang auf hoher See

und

rationell betriebener Küstenfischfang

als einer der Hauptnahrungszweige des Deutschen Volkes und Grundbedingung einer Deutschen Flotte.

Ein Beitrag zur Deutschen Volkswirthschaft
bei Gelegenheit der maritimen Revolution dieses Jahres

von

J. J. Sturz,

Verfasser der Broschüren: „Die Beseitigung der Sclaverei ohne Einbuße der Sclavenherren nach Mac Donoughs System" (1843), „Nach Ost oder nach West?" (1846), „Die Ausgleichung des Bodenwerths in Deutschland und Nord-Amerika" (1847), „Soll Deutschland eine Dampf-Flotte haben?" (1848), „Kann und soll ein Neu-Deutschland werden?" (1862) und „Die Krisis der Deutschen Auswanderung" (1862).

Berlin.
Verlag von Hugo Kastner & Comp.
1862.

In einer Zeit, wo der Beweis geliefert worden ist, daß die bisherigen deutschen Flottenbewegungen nicht zu einem nachhaltig erfolgreichen Ziele führen, wird es von Wichtigkeit sein, das Interesse des Publikums für die praktischen Wege zu erwecken, auf denen eine gedeihliche Entwickelung der Flottenbestrebungen zu erlangen ist. Von diesen ist ein sehr wesentlicher der **Fischfang in hoher See.** Wenn es schon jedem nur halbweg volkswirthschaftlich gebildeten Manne in's Auge fallen mußte, wie gerade die Fischerei die Grundlage zu jeder Flotte und Haupt-Existenzmittel jedes am Meere liegenden Volkes stets bisher gewesen und noch ist, so dürfte bei der kürzlich geschehenen Entdeckung eines Californiens der Fischerei, der Bank von **Rockall**, ein näheres Eingehen auf den so neu bereicherten Erwerbszweig nicht ohne allgemeines Interesse sein. Bisher war die Newfoundlandsbank der einzige Ort für den Fischfang im Großen; dort tummelten sich vom Mai bis October über Tausend Schiffe seemächtiger Nationen, mit mehr als 50,000 Mann herum; die von diesen gefangenen Fische wurden gesalzen, getrocknet, und von dort aus direct nach allen Enden der Erde geschickt; denn der Sclave Süd-Amerikas und die niedern und höhern Klassen aller katholischen Länder des Mittelmeers, Frankreich obenan, verzehren den getrockneten Fisch in einer jährlichen Masse von nahe 400 Millionen Pfund Gewicht. —

Da, mit einem Male erscheint, wie durch Zauber in den europäischen Meeren selbst, eine noch ungleich fischreichere Bank, die von Rockall. Auf dieser stockt es von Fischen aller Art, auch der beliciösesten Gattungen. Seedorsche, Kabeljau's, Klippfische, Heringe und andere Fische köstlicher Art bedecken förmlich die an 40000 Q.-Miles umfassende Bank. Haien von jeder Gattung, und in noch nie gesehener Größe und Anzahl, liefern sich beständige Schlachten, und

Wallfische, die heute nur höchst vereinzelt und selten ein glücklicher Fänger in der Baffinsbai oder der japanischen See erspäht und auf welcher dann Tage lang Jagd machen muß, sind von der Rockall-Bank aus überall und zu jeder Zeit in Sicht.

„Das Fischgebiet von Rockall ist, der Times vom Monat August v. J. nach, eine Sandbank, im Norden des Atlantischen Oceans, von nahezu 100 engl. Meilen Länge, und 40 Meilen Breite. Der Rockall-Felsen selbst, welcher sich nur 18—20 Fuß über den Meeresspiegel erhebt, liegt unter 57° 25' nördlicher Breite und 13° 40' westlicher Länge. Das ihm zunächst ca. 300 engl. Meilen W. N. W. befindliche Land ist die kleine Insel St. Kilda, eine der äußersten der Hebriden, d. i. der westlichen Inseln von Schottland.

Die Briefe an die Times, welche die Entdeckung dieses außerordentlichen Fischgebiets anzeigten, haben große Sensation unter den englischen Stockfischfängern erregt und Kapitain John Rhodes, der Entdecker, ist von Grimsby bis Gravesend der populärste Mann geworden; wo er erscheint, versammeln sich Männer und Jungen um ihn, und bringen ihm „three cheers for Rockall" und in der Stadt Grimsby und andern Orten bestehen bereits Rockall-Kaffeehäuser mit Rhodes' Porträt als Schild. (S. die Notizen über Rockall im Anhange.)

Die Deutschen sollten in der That keinen Moment länger zögern, an der reichen Ausbeute dieses Rockall-Gebiets Antheil zu nehmen. — Wenn man bedenkt, daß lediglich die Fischerei den Grund zu dem amerikanischen Handel und Seewesen legte, daß eine Gesellschaft von Heringsfängern, aus deren Fischerhütten Amsterdam entstand, mit ihrer durch die kühne Beschäftigung des Fischfanges gewonnenen Energie und auf Grund ihrer Erfolge nach und nach einen so großen Theil Hollands dem Meere abrang, — wenn man bedenkt, daß auch die Engländer die Fischerei als den Ausgangspunkt ihrer Seeherrschaft ansehen und noch heute von ihrer „fishing nurtured navy" (durch Fischerei genährte Seemacht) reden, so darf doch wahrlich Deutschland diese unumgängliche Elementarschule aller Seetüchtigkeit nicht länger unbeachtet lassen. Die Mahnung der Genesis: „und herrschet über die Fische im Meere" ist von dem Deutschen bisher gänzlich vernachlässigt worden. Man erkennt am besten diese vollständige Vernachlässigung aus einem Vergleich dessen, was andere Völker leisten mit dem was Deutschland gethan. (S. d. stat. Bemerkungen im Anhange.)

1) England und Wales haben nach dem vorletzten Census eine Fischereibevölkerung von 126,768 Mann (excl. der Schiffsjungen unter

15 Jahren) mit 12,661 großen Küstenfischerbooten, deren Werth sammt Netzen und Stricken 760,000 £ ist. Dieselbe versorgt die ganze Insel mit frischen Fischen, fängt jährlich 700—800,000 Tonnen Heringe und führt deren 377,976 aus, von denen sie $^1/_4$—$^1/_3$ an uns abliefert. Nach Robert de Massy's „Rapport des Halles et Marchés et du Commerce des objets de consommation de Londres" etc. (1861) beträgt die Zufuhr von frischen Fischen, Austern und Hummern in London allein gegen 230,000 engl. Tonnen (d. i. Schiffstonnen von 23 Centnern jede) und geschieht zur Hälfte zu Lande, und zur Hälfte zu Wasser. Es kommen in Billingsgate, dem Hauptfischmarkt, wöchentlich 400, ja bisweilen 600 Eisenbahnwagen mit ca. 69 Centner Fisch pro Wagen an. In den Straßen von London werden jährlich 124 Millionen Austern, der Scheffel zu 10 Shillings = ca. 150,000 £ aus erster Hand verkauft.

Rechnet man die Bevölkerung von London auch auf 3½ Mill., so beträgt die Konsumtion per Kopf pro Jahr 37 Kilogr.; d. i. 74 Pfund, und per Tag 100 Grammes = 6 Loth; das ist soviel als in Berlin an Fleisch auf den Kopf kommt, während dabei die Fleischkonsumtion Londons noch beinahe 3mal größer ist, als die Berlins; überhaupt verzehrt London in zwei Wochen mehr frischen Fisch als das ganze vom Seeborde nur 10 Meilen entfernte Deutschland im Jahre.

Die engl. Heringfischerei hob sich von 1809 an durch die vom **Parlamente** decretirte Prämie von 2 s. pro Faß von ausgenommenen und gesalzenen Heringen, und von 3 s. Ausfuhrprämie, die 1826 auf 4 s. erhöht und erst 1830 als ferner unnöthig aufgehoben wurde, wie sich als richtig erwies durch das Steigen der Ausfuhr von 181,654 im Jahre 1830 auf 264,000 Faß in 1831, jetzt auf 600,000. (Siehe die interessanten Details im Anhange.)

Heringe werden an der Küste zu 3 s. 6 d. pro 130 Stück verkauft; bisweilen in einer Nacht 20,000, ja selbst 30,000 von einem Boote und 6 Mann gefangen.

Die Irischen Fischereien beschäftigen 53,000 Mann, 700 Jungen und 1730 Smacks außer den Booten. Selbst Dublin erhielt schon im Jahre 1858 mehrere Tausend Tonnen frischen Lachs durch seine westlichen Eisenbahnen. Von der Westküste nach der Ostküste war damals schon die Schnellzugfracht von 22 Ctr. bloß 30 s. pro Tonne, und 8 s. per Güterzug; für Fisch-Körbe von 25 Pfund bloß 6 d. und doch klagte man damals sehr über die Höhe dieser Preise.

2) Amerika. Nach den Berichten des Staatssekretärs läßt sich

die gesammte Fischerei der Vereinigten Staaten in folgenden Zahlen darstellen:

	Fahrzeuge.	Tonnen= gehalt.	Aufgewendetes Kapital.	Beschäftigte Personen.	Werth der Pro- dukte. Dollars.
Wallfisch	661.	203,062.	23,436,226.	16,370.	12,040,804
Stockfisch, Makre- len ꝛc.		2280.	175,306.	7,280,000.	19,150.	8,730,000
Austern, Schildkröten, Hummern (wovon allein 78,000,000 Austern aus Richmond)					25,000,000
Süßwassersee=Fischereien (in den großen Seen blos)					2,375,000
Düngerfisch					260,000
					48,405,804

Sprotten werden zu 2 s. herab bis 6 d. pr. Bushel (Scheffel) verkauft.

Schon vor dem Unabhängigkeitskriege bezahlte Amerika die Hälfte seines Bedarfs von Europa mit dem Erlöse seiner Fischereien. Beim Friedensschlusse war daher die Feststellung der Fischereirechte ein Punkt von großer Wichtigkeit, und es blieb den Amerikanern zugestanden, überall zu fischen außerhalb der Entfernung von drei Seemeilen von der Küste englischer Colonial=Länder, so wie, daß sie auf der Süd=Küste von Neufundland und an anderen passenden Punkten landen dürften, um ihre Fische zu trocknen.

Der Congreß decretirte sogleich eine Prämie für alle in der Fischerei beschäftigten Schiffe, deren Kapitain und ³/₄ der Mannschaft Amerikaner sind. Diese Prämie erlitt bisweilen eine Abänderung, seit 1855 jedoch nicht mehr, und ist 3½ Pfund pro Tonne für jedes Fahr= zeug von 5 bis 30 Tonnen und 4 Doll. pro Tonne für größere, doch kann keines über 360 Doll. Prämie empfangen. In den letzten zwölf Jahren belief sich die Total=Summe der Prämien auf 4,046,929 oder 337,244 pro Jahr; im Ganzen seit dem Beginne der= selben wurden 12,999,998 Doll. in Prämien ausgezahlt. Im Jahre 1795 waren 37,000 Tonnen, und im Jahre 1860 110,000 Tonnen allein im Seedorschen= oder Cod=Fang beschäftigt.

3) Frankreich. Ungleich wichtiger als alle seine Kolonien, ist für Frankreichs Schlagfertigkeit zur See, der Fischfang. Die Anzahl der auf der Neufundlandsbank mit Fischerei beschäftigten Mannschaften hat sich in 12 Jahren von 23,000 auf 35,000, also um 12,000 Mann vermehrt, und zwar lediglich durch die von Napoleon gleich im ersten Jahre seiner Regierung eingeführte Prämien=Erhöhung von 6 Frs. pr. 100 Kilogr. (mit der früheren Prämie von 5½ in Summa 11½ Frs.)

aller dort von französischen Schiffen gefangenen Fische, die in getrocknetem oder gesalzenem Zustand in **französischen Schiffen** importirt werden.

Sehr großen Werth legte Frankreich stets auf die Fischerei in Neufundland, so daß es zu verschiedenen Malen den dortigen Fischfang **gegen den Vertrag und die rechtlichen Ansprüche der englischen Regierung** mit Gewalt ausgedehnt hat. Die englischen Minister, welche erst im Parlament sehr hoch dagegen sprachen, gaben sie doch bald zu, und die Folge davon ist, daß der **französische Fischfang in Neufundland heute den englischen übertrifft**. Der Gesammtfischfang bei Neufundland beschäftigt an 5000 Schiffe von 100 bis 180 Tonnen und 15,000 offenen Booten mit einer Mannschaft von nahe an 100,000 Mann. Davon sind zur Fischzeit 32,000 Franzosen, von denen nur 2,200 stationäre Bewohner der nackten Felseninsel St. Pierre sind.

Die gesammte Consumtion von Fischen aller Art, ausgenommen Trockenfisch, in Paris allein beträgt für das Jahr 1854:

Frische Seefische	9,937,340	Kilogr.
Austern (Netto-Gewicht)	1,005,345	„
Süßwasserfische	690,075	„
Gesalzene Seefische	1,502,000	„
Marinirte Fische	311,000	„
Summa	13,444,850	Kilogr.
oder	26,889,700	Pfd.

Es kommt hiernach auf jeden Einwohner von Paris im Durchschnitt pro Jahr 12.76 Kilogr. oder pro Tag 34.97 Grammes, also pro Jahr 25½ Pfd., pro Tag etwas über 2 Loth.

4. **Holland.** Seit die Eisenbahnen nach Deutschland in vollkommenem Betriebe sind, und der Transport des frischen Fisches nach dem Inlande, nach Belgien und Westfalen und dem Rheinlande außerordentlich erleichtert wurde, hat sich die Bevölkerung der holländischen Fischerdörfer innerhalb der letzten 15 Jahre verdoppelt und in einigen Punkten verdreifacht. Holland betreibt seinen ausgedehnten Seefischfang nicht sowohl längs seiner eigenen Küsten, als vielmehr weit ab in der Nordsee, ohne irgend eine Kolonie, ja ohne irgend einen Landungsplatz, wie ihn doch Frankreich auf den kahlen Felseninselchen St. Pierre und Miquelon auf der Neufundlandsbank, dem einzigen Reste seiner vormaligen großen Besitze in Nord-Amerika hat. — Holland beschäftigt eine Fischerbevölkerung von über 30,000 Männern

und Jungen, und führt durchschnittlich im Jahre nahe an 80,000 Ctr. gesalzener Heringe nach Deutschland allein aus.

———

Und was thun wir Deutschen? Preußen fängt nicht so viel Fische auf hoher See, als die Vereinigten Staaten als Dünger verbrauchen! Die Engländer kommen mit ihren Fischerbooten in die Nordsee, dem „german ocean", dem Deutschen Ocean, auf dem beinah kein deutscher Fischer zu finden ist; holen sich da Fische und verkaufen sie an die Deutschen, dasselbe thun die Holländer, die Dänen und die Schweden!

Was ist der Grund dieser unmännlichen Trägheit?

Es giebt mehr als einen, heute noch, obschon der Hauptgrund durch die Aufhebung des Sundzolls, welcher die Sundburchfahrt für Preußen verkümmert hielt, weggefallen ist.

Aber mit der Aufhebung des Sundzolls hat die Ostsee aufgehört, ein bloßer Binnensee zu sein, der Ostseehandel hat seine untergeordnete Stellung gegenüber dem eigentlichen Welthandel aufgegeben, der Weg zur Theilnahme an den reichen Schätzen des Meeres ist auch den Häfen der Ostsee eröffnet, und jemehr sich das Netz der Communicationen von demselben aus nach dem Innern vervollständigt, um so mehr Sünde begeht Preußen, die unerschöpflichen Gaben des Meeres nicht zur Nahrung seines Volkes und zur Kräftigung seiner Seebefähigung zu benutzen.

Man schlage die schädlichen Folgen jener Trägheit ja nicht zu gering an. Berlin liegt fast ebenso nahe am Meere als Paris, trotzdem wird in letzter Stadt der Seefisch in großer Masse und äußerst billig consumirt, während er in erster, mit Ausnahme des Herings, ein Luxus-Artikel ist.

Würde er in großen Massen frisch und rasch dem Binnenlande zugeführt, so könnte er hier ein ebenso billiges und wichtiges Nahrungsmittel sein, wie in den Küstengegenden, denn die Fracht darauf brauchte und sollte nicht höher sein, als die endlich vernünftiger Weise auf Kohlen und Kartoffeln nur erhobene.

Fisch ist wegen seines reichen Eiweiß- und Fettgehaltes ein sehr nahrhaftes Essen. Die Fischerbevölkerungen, welche vorherrschend von

Fischen leben, sind sehr robust und prolifik. Je schwieriger bei der anwachsenden Bevölkerung der großen Städte sich die socialen Verhältnisse gestatten, je wichtiger wird jede Frage, welche mit der Beschaffung billiger und guter Nahrungsmittel zusammenhängt.

Wir glauben, bisher zur Genüge dargethan zu haben, wie wichtig die Fischerei als Elementarschule der Seetüchtigkeit, wie ausgedehnt das Feld, welches des Anbaus harrt und wie wenig dasselbe bisher von uns Deutschen angebaut worden ist. Jetzt wollen wir einfach die Frage noch beantworten: „auf welche Weise kann dem Fischerei-Betrieb für Deutschland eine größere Ausdehnung gegeben werden?"

Dies würde durch zwei Dinge geschehen können: durch Zollvereinsprämien und durch Organisation eines planmäßigen Vertriebs von Seefisch nach dem Binnenlande. Beide müssen aber zusammengehen.

1. Ueberall, wo es galt, die Thätigkeit der Menschen auf ein bestimmtes, noch nicht angebautes Gebiet zu lenken, ist es von großem Vortheil gewesen, den Egoismus des Einzelnen durch Aussicht auf Gewinn um so sicherer anzuregen, je mehr er eine in der menschlichen Natur begründete Eigenschaft, die an sich unverwerflich ist, soweit sie nicht den Gesetzen der sittlichen Natur des Menschen entgegentritt, und deren weise Benutzung durch den Staat zu einem der wirksamsten Hebel großer gemeinnütziger Unternehmungen gemacht werden könnte und sollte.

Wir haben gesehen, in welch rapider Weise Napoleon die französische Fischerei zu großer Ausdehnung steigerte, — lediglich durch eingeführte Prämienerhöhungen. So sicherte er sich schon seit zehn Jahren mit Vorbedacht auf die Verstärkung der Seemacht Frankreichs eine ergiebigere Pflanzschule von Seeleuten, als die gesammte Küsten- und begünstigte Colonial-Schifffahrt ihr bot. Würden vom Zollverein auf alle von Schiffen der Zollvereins-Staaten gefangenen See-Fische getrocknet oder gesalzen importirt, bestimmte Prämien gezahlt, so würde damit die zollvereinsländische Fischerei ganz in derselben Weise erweitert werden, wie es in Frankreich mit der französischen, wie es früher in England und Holland geschah, und wie es in letzterem Lande theilweise noch geschieht.

Bei Einführung von Prämien und so beseitigter Begünstigung der holländischen, englischen, schwedischen und dänischen Heringe müßte schnell auch eine Ost- und Nordsee-Heringsflotte entstehen, welche für die Handels- und Kriegsmarine eine sehr wichtige Grundlage bilden würden. Die Mittel zur Beschaffung dieser Prämien, die sich bei nur gleicher Höhe als die französische (obschon sie aus National-Gründen für Deutschland **höher** sein sollte, und bei einem nur doppelt größeren Fisch-Consum als der jetzige im Zollverein, der jedoch noch größer sein sollte und könnte) auf kaum 500000 Thlr. im Jahre beliefe, wären leicht zu verschaffen, wie auch die zur Subvention von transatlantischen Dampferlinien und selbst für eine **deutsche Flotte**, durch einen ungefähr dreifach erhöhten Tabakszoll und Verdoppelung der Tabaksteuer, gegen die kein Deutscher, der sein Vaterland liebt, wenn er es auf guter Bahn vorschreiten sieht, Einwendung machen könnte.

2. Der planmäßige Vertrieb von Seefisch in allen Zuständen, vorzüglich aber als **frische** Waare nach dem Binnenlande, könnte nur dann die erwarteten Resultate haben, wenn die Sache, wie dies mehrfach in England und den Vereinigten Staaten geschieht, von einer Gesellschaft im Großen betrieben würde.

In Deutschland ist dies gerade jetzt **viel leichter ausführbar**, als früher, weil ein ausgedehntes Eisenbahnnetz die schnelle Zufuhr von allen Seiten ermöglicht und der Telegraph Anfragen und Bestellungen mit der Schnelligkeit des Gedankens auszuführen gestattet.

Wir wollen hier in kurzen Zügen den Plan charakterisiren, und jeder Unbefangene wird demselben ansehen können, daß seine Basis eine sehr **reelle** ist und seine Ausführung nicht auf unüberwindliche Schwierigkeiten stoßen kann. Die Hauptaufgabe einer solchen zu gründenden Gesellschaft wäre die Steigerung der Consumtion des trockenen, gesalzenen, marinirten und besonders aber des **frischen Fisches**. Zu diesem Zwecke müßte sie

a) die Fischerbevölkerung der nördlichen Küsten, so weit sie durch Eisenbahnen zu erreichen sind, durch Kontrakte, resp. auch durch Vorschüsse, **wie das überall in andern Ländern geschieht**, in den Stand setzen, den Fischfang in ausgedehnter Weise zu betreiben, zugleich aber auch die Fischzucht durch künstliche Laichung intensiv zu fördern, und einen besseren Schutz der jungen Brut in allen Flüssen und Bächen zu veranlassen suchen. In diesen Beziehungen ist innerhalb der letzten Jahre ganz außerordentlich viel in anderen Ländern geschehen, in Deutschland verhältnißmäßig Nichts; besonders Nichts zur Verhinderung des freien Hinaufgehens und Herabkommens der Seefische, wie es zu dessen Erhaltung von der Natur und dem Instincte vorgeschrieben ist, durch Wehre und Schleusen, Mißbräuche, die durch keine Dauer der Zeit gesetzlich gemacht oder gerechtfertigt werden können.

b) Die Eisenbahn=Gesellschaften wären durch besondere Kontrakte anzuhalten, die Seefische in den der Gesellschaft gehörigen, besonders dazu eingerichteten eisernen Kasten oder auch in starkem Weidengeflechte oder Holzgeflechte möglichst rasch und wohlfeil von den Nord= und Ostsee=Stationen nach dem Innern zu befördern. (S. die Notizen im Anhange.)

c) In Berlin, wo der frische Seefisch noch einen vollständigen Luxusartikel bildet, müßte eine geräumige Fischhalle erbaut werden, in deren oberen Räumen die Comtoirgeschäfte abgemacht würden, während in der Halle selbst die vorzüglichsten Fischarten in ausgesuchten Exemplaren nebst Hummern, Austern, Shrimps 2c. nach Ordnung ihrer Ankunft und Frische, mit exemplarischer Reinlichkeit, nach dem Beispiele der ersten Fischmongers von London und der Halle aux poissons in Paris mit Ueberfluß an rieselndem Wasser und von Eis auf abschüssigen Stein= (Marmor)platten zu allen Stunden sich nach der Zeit ihrer Ankunft ausgelegt fänden.

Der Fischkonsum in Berlin selbst würde bei zweckmäßigen Einrichtungen mit Leichtigkeit täglich circa 20 Waggons betragen, wenn sich bei zweifelfreier Frische des Artikels der Preis noch obenein etwa auf die Hälfte der bisherigen Höhe stellte.

Der Vertrieb ließe sich ganz wie in London bewerkstelligen, nämlich durch Auction in größeren Parthien ganzer Waggons, an der Bahn selbst an die Vorkäufer für die Höker, und augenblickliche Wegräumung und Vertheilung des Fisches unter die letzteren. — Die auf diesen Verschleiß eigends eingerichteten Höker würden den frischen Fisch in einspännigen Wagen mit Drath-Etagen, worauf die verschiedenen Fischarten übereinander gelagert und von außen sichtbar wären, unter Gellingel mit angehängten Preisen für jede Fischart, durch die Straßen fahren, was für den Käufer äußerst zeitersparend ist. — So würde sich der Verbrauch schnell herstellen. — Für die Fälle aber, wo so große Massen Fisch zusammen kämen, daß das Abstoßen der Waggons-Ladungen nach entfernteren Plätzen schwierig oder der Zeit halber bedenklich machte, würde die Gesellschaft, entweder durch Vermittelung oder direct, die Einrichtung treffen, daß der frische Fisch auch gebacken und selbst heiß an das Volk zu einem sehr niedrigen Preise verkauft werden könnte, auf die Weise der potates frites in Paris und Brüssel. — Zweifellos müßte auf diese Weise die Stadt Berlin in einer Woche eben so viel frischen Fisch consumiren, als jetzt im ganzen Jahre.

d) Von dem Centralpunkte in Berlin wären wieder die weiter südlich gelegenen Märkte Deutschlands zu versorgen, indem mittelst Telegraph die dortigen Kunden in Kenntniß gesetzt würden, damit möglichst schon **vor der Ankunft der Fischtransporte** die Bestellungen entgegengenommen werden und die betreffenden Waggons ununterbrochen weiter laufen könnten.

3. Die Centralstelle hätte für den Fall eines zu großen Angebotes von frischen Fischen Anstalten zur vollkommensten Salzung, Räucherung, Marinirung ꝛc. desselben **bereits an der Küste zu treffen.**

Es steht zu erwarten, daß wenn zu irgend einer Zeit auch 20 und 30 Waggonsladungen frischen Fisches aus der Ost- und Nordsee und den Haffs der ersteren in Berlin zusammenträfen, (und kommen doch deren selten mehr als 60 **in einer Nacht** in London zusammen) dennoch nicht die mindeste Schwierigkeit obwalten würde, sie alle nach Befriedigung des stets im Voraus schon bekannten Bedarfs der Hauptstadt auf's Beste in den Hochlanden Deutschlands unterzubringen. Leben ja doch 20, ja mit Oesterreich an 50 Millionen Consumenten südlich von Berlin, denen es nur zu bald auch angenehm sein würde, sich mit der Güte des frischen Seefisches, der bekanntlich wegen seiner leichteren Verdaulichkeit weit gesunder ist als der Flußfisch, vertraut zu machen.

Das Angeführte möge genügen, den Plan zu charakterisiren; die Detailmalerei ergiebt sich von selbst und bedarf wenigstens **hier keiner besondern Ausführung.** —

Eine größere Anzahl der Fischerdörfer an den Küsten würde zugleich die Lösung der Küstenschutzfrage durch eine beständige Präsenz von schlagfertiger Mannschaft erleichtern und ebenso die nöthigen Schiffshülfsstationen gewähren. Man hat dasselbe Resultat in Holland, durch den in Folge der Eisenbahnen gesteigerten Fischconsum, entstehen sehen.

Deutschland hat in seinen **nördlichen Häfen,** ohne Schleswig und Holstein, etwas über 3000 **segelnde** Seeschiffe von mehr als
                                               900,000 Tonnengehalt
und an   80 Dampfschiffe von   30,000   „

Die dazu gehörige Mannschaft beträgt 25,000 Mann und außerdem fahren eine große Anzahl von Matrosen unter fremder Flagge. Gewiß ließe sich daraus ein ansehnlich tauglicher Stamm für die Kriegsflotte im Fall der Noth heranziehen. Aber sind die Leute entbehrlich? Bedürfen wir nicht der Handelsfahrt, selbst während des Krieges? Und wie viel davon befinden sich weit außer Landes, vermitteln Jahre lang den Verkehr zwischen anderen Ländern, ohne ihre Heimath zu sehen? Wird nicht beim Herannahen der Kriegsgefahr die Mehrzahl dieser deutschen Kauffahrer sich lieber nach neutralen Häfen flüchten, als sich den Gefahren des Krieges aussetzen? Nehmen wir nur an, daß von obiger Schiffszahl mehr als 1200 allein den 3 Hansestädten gehören und diese, weil sie durchschnittlich die größten sind, die Hälfte der ganzen Tonnenzahl absorbiren, daß davon beständig drei Viertheile im fernen Auslande sind, z. B. jetzt 200 in den ostasiatischen Gewässern, so sehen wir mit einem Blicke, wie gering der Halt unsrer Marine in einer solchen Kauffahrerflotte ist. —

Wie durch stiefmütterliche Behandlung allein der Deutsche, resp. Preußische Seefischfang zurückblieb und welchen hohen Aufschwung er hätte nehmen können, ist schon aus den Tabellen zu ersehen, die die Salzmengen angeben, welche in Preußen zur Herings- und Breitlings-Salzung zum Kostenpreise abgelassen werden.

Salzmengen, die in Preußen zur Herings- und Breitlings-Salzung zum Kostenpreise abgelassen werden.

	Provinz Pommern.	Westpreußen.	Zusammen.
1835	3525 Tonnen	60 Tonnen	3585 Tonnen.
1836	3835 „	112 „	3947 „
1837	3873 „	105 „	3978 „
1838	3715 „	154 „	3869 „
1839	2867 „	372 „	3249 „
1840	2568 „	238 „	2826 „
1841	3451 „	182 „	3633 „
1842	2667 „	184 „	2851 „
1843	3287 „	107 „	3394 „
1844	2867 „	161 „	3028 „
1845	2667 „	91 „	2758 „
1846	2172 „	202 „	2374 „
1847	1642 „	63 „	1705 „
1848	2946 „	84 „	3030 „
1849	4514 „	67 „	4581 „
1850	2494 „	20 „	2514 „
1851	2717 „	19 „	2736 „
1852	1972 „	15 „	1985 „
1853	4315 „	133 „	4448 „
1854	4914 „	3 „	4917 „
1855	5132 „	207 „	5339 „

	Provinz Pommern.	Westpreußen.	Zusammen.
1856	4144 Tonnen	101 Tonnen	4245 Tonnen.
1857	3348 „	32 „	3370 „
1858	4566 „	14 „	4580 „
1859	4713 „	47 „	4760 „
1860	7057 „	24 „	7081 „
1861	5392 „	38 „	5430 „

Die Tonne Salz enthält 378⁹/₁₀ Zollpfund. 10 Tonnen sind eine Last = 2 Engl. Tons.*)

Wenn man bedenkt, daß für Vieh und Düngung, also landwirthschaftliche Zwecke, der Bedarf an Salz in Preußen von 495 Lasten auf 6491, der Verbrauch von Salz für gewerbliche Zwecke von 1508 auf 4403 Lasten seit 1839 bis 1851 gestiegen, also der Gesammt-Consum in Preußen von 58,495 Lasten auf 74,385, so frägt man sich wohl nicht ohne Grund, warum hat der Salz-Bedarf des Seefischfanges so wenig zugenommen, da doch die Bevölkerung und somit die Consumtion um 50 Procent gestiegen ist?

Man frägt sich doppelt nach der Lösung dieses Räthsels, wenn man bedenkt, daß jene 5430 Tonnen, die den Fischern Pommerns und Westpreußens abgelassen wurden, noch gar nicht einmal verbraucht werden können? Denn da etwa 90 Pfund Salz auf eine Tonne gesalzenen Herings kommen, so würden jene 5430 Tonnen auf eine Summe von 22,854,000 Stück gesalzenen Herings schließen lassen. Bekanntlich ergiebt aber der gesammte preußische Heringsfang per Jahr kaum 30 Millionen Stück, die Hälfte, oder doch

---

*) Seit dem Jahre 1860 erhalten die Heringsfischer in Pommern statt des früheren Seesalzes von St. Ubes Staßfurter-, Stein- und Krystallsalz.

In Westpreußen beschäftigen sich nur einige Fischer auf der Halbinsel Hela mit Heringsfang; dieselben erhalten auch künftig St. Ubes-Salz.

Zum Salzen einer Tonne Heringe werden den Heringssalzern etwa 90 Pfund Salz zum Kostenpreise abgelassen. Ob außer dem oben angegebenen Mengen Salz zum vollen Preise zum Heringssalzen verwendet worden ist, ist nicht bekannt, wahrscheinlich jedoch nicht.

Das Staßfurter Heringssalz (gemahlenes Krystallsalz) erhalten die Heringssalzer in Pommern jetzt zum Preise von 2 Thlr. 25 Sgr. für die Tonne, verpackt. Die Heringssalzer in Westpreußen haben 2 Thlr. 16 Sgr. für die Tonne verpacktes Seesalz zu zahlen.

Hier wird es für Jedermann nicht uninteressant sein, zu erfahren, daß bis zum Jahre 1859 das St. Ubes-Salz unentbehrlich für's Pökeln war, und seine Schärfe neben der Eigenschaft, sich nur langsam aufzulösen, also wenig Salzbrühe zu geben, und den Hering, so wie das Fleisch nur um so länger in fester Verpacknng zu erhalten, ihm bisher den Vorzug gaben. Da aber bekam man das Staßfurter Salz und dies verdrängte mit einem Mal das von St. Ubes. Außer der Pökelstation auf der Halbinsel Hela werden, wie bereits erwähnt, schon sämmtliche Salzungsanstalten mit Staßfurter Salz versehen.

wenigstens ein Drittheil wird frisch verzehrt, und ein anderes Drittheil als Bücklinge geräuchert, wo bekanntlich das Creosod nur wenig Salz nöthig macht. —

Wir erfahren somit, daß vielleicht nur 7 Millionen Stück Heringe gewonnen werden, und kommen demgemäß auf unsern Ausgangspunkt wieder zurück: Der Seefischfang wird hier nicht betrieben, wie er betrieben werden könnte. —

Wenn es von jeher leicht ersichtlich war, daß der Zollverein in seiner gegenwärtigen Einrichtung und ohne ein gemeinsames fiscalisches Parlament, in welchem die Interessen eines jeden Staates, seiner Größe gemäß repräsentirt sind, nicht eben besonders weit kommen würde, und wenn sich endlich diese Ansicht selbst in demjenigen Staat, der den commerciellen Verband Deutschlands gründete, erweiterte und erhielt, in dem preußisch = französischen Handelsvertrag unter dem kräftigen Anstoße Napoleon's III. schon theilweise zur That umgestaltete, so werden wir wohl auch einsehen müssen, daß bei der Annahme einer activen Handelspolitik auch das Seewesen von Grund aus anders werden muß. Ein Blick auf die tabellarischen Uebersichten der Hamburger und Bremer Handelsbewegung zeigt uns das. Wenn wir von aktiver Handelspolitik sprechen, so verstehen wir darunter nicht etwa das, was deutsche Theoretiker darüber sagen, und in deren Definition der Begriff zu einem Zwerggeflecht von schutzzöllnerisch oder liberal geordneten Tarifen, aufgehobenen Zunftschranken, beseitigten inneren Zollschranken, mit Caprice zugelassenen Versicherungs=Compagnien und Banken, und eben so gegebenen oder, wenn nicht aus noch anderen Motiven verweigerten Patentertheilungen ꝛc. zusammengeschrumpft ist. Wir verstehen unter Handelspolitik das, was andere Völker darunter verstehen, mit denen sich unser Handelskörper in der Zahl gewerbfleißiger und intelligenter Bürger messen kann, wir verstehen darunter Analoges, als wenn z. B. die Königin von England in ihrer Thronrede die kühne Zuversicht ausspricht, bald werde von Neufundland bis nach Vancouversland 'Ein englisches Volk, treu an Krone und Constitution festhaltend, das Land bevölkern, oder wenn Frankreich Nordafrika, Madagaskar, China und Cochin=China in's Auge faßt, oder wenn Rußland, das den Kaukasus kaum verbaut hat, sich bis an die Amur = Mündung festsetzt. — In diesem

Sinne faſſen wir das Wort Handelspolitik; da hat es doch einen Inhalt. Wir müſſen unſere Auswanderer uns erhalten und durch ſie uns ſtärken, verbreiten, feſtigen und renoviren! Wir müſſen endlich unſern Seefiſchfang kultiviren, um unſern Handel, unſere Flotte, unſere Nahrung zu heben. Aber wir haben es hier nur mit dem Seefiſchfang zu thun; ſehen wir daher nach, wie wir nach dieſer Richtung hin eine aktive Handelspolitik entfalten können! Die ſtatiſtiſchen Bemerkungen zum Seefiſchfang anderer Völker ſind beigedruckt, ſie müſſen wir ſtudiren. Alle Völker, welche eine maritime Bedeutung haben, verdanken ſie der Kultivirung dieſes Gewerbszweiges; das ſahen überall weiſe Männer ein, haben es auch in Deutſchland ſchon zu verſchiedenen Zeiten gefühlt, und dürften es gewiß nun noch beſtimmter fühlen und wünſchen. Hoffentlich werden auch die Preußiſche, Hannöverſche und Mecklenburger Kammern die alte Frage nun unverweilt zur Sprache bringen.

Erſt neulich ſagte ein namhafter Abgeordneter, der Mitglied der Finanz-Abtheilung iſt: „Die Regierung thut am Klügſten nur zu regieren, und Induſtrien aller Art und jeder Gattung Privaten zu überlaſſen."

Wohl hat er Recht mit alleiniger Ausnahme des Fiſchfangs, der außer in Dänemark und Norwegen, welche beide ſo unvergleichlich durch die Natur begünſtigt ſind, in keinem Lande ohne Prämie zum Flor gekommen iſt. — Sollten aber die ſpäter anzuführenden Beiſpiele auch wieder an Deutſchland verloren gehen, dann iſt es Sache des Volkes, ſeinen Vortheil wahrzunehmen.

Will es noch, was es vor Kurzem wollte und durch erhebliche Beiträge thatkräftig unterſtützte, eine Deutſche Flotte haben — ſo lerne es zuerſt das ihm noch fremde Element kennen.

Wer nicht einmal die Fiſche der See ſich unterthänig machen, zu fangen verſteht, bilde ſich doch nicht ein, reif zu ſein eine Flotte zu beſitzen.

Wendete ſich ein Theil der Energie und des Geldes der jungen Männer höheren Standes, welcher Theater, Concerte, Corſos und Wettrennen nährt, der offenen See mit ihren Gefahren zu, ſo würden wir bald einen feſten Grund zu unſerer Flotte beſitzen. Nähmen ſich die ſogenannten Junker ein kleines Beiſpiel an den jungen Vornehmen Englands, die mit ihren Yachten, klein und groß, ſogar mit Armſtrong-Kanonen bewaffnet, alle Theile der Welt beſuchen und ſich jetzt unter Lord Paget in einer großen Flotte verſammeln, — dann würde der gemeine Mann schon den Adel anerkennen, wenn derselbe sich bewährt, und auch gar kein partheiischer Richter sein, wenn wirkliches Verdienst vorhanden wäre.

Wie kommt es, daß heute die englischen Lords und Handelsherrn noch im Verfassungsstaat präsidiren? Daß man ihnen noch immer das Herrschen zuerkennt? Während Leute von ähnlichen Ansprüchen bei uns Gegenstand der Unbeliebtheit bei der großen Masse des Volkes, und des Unwillens beim Mittelstand sind? Die Antwort ist: Der englische Lord schickt seinen Sohn hinaus auf dem Schiff in die Fremde, gehorchen, befehlen, kämpfen, siegen und die Natur erkennen zu lernen, indessen unsere jungen Herren zu Haus bleiben, Menschen und Pferde dressiren und bei der ihnen eigenen Isolirung nie dahin kommen, sich über sich selbst und Andere klar zu werden.

Der englische Banquier sendet seinen Sohn hinaus, um Waarenkenntniß im Exportlande, Schifffahrt, Völker und Länder zu studiren, während unsere Kaufmannschaft meist zu Hause und dabei eben nur ein engherziges, den Staat im Wachsthum nicht durch den Handel förderndes, sondern hinderndes Element bleibt.

Und was thut nicht das Beispiel? —

Aber wir kommen ab. — Das reiche Meer gehört Niemand; warum will Deutschland allein sich die Schätze aus der offenen Kammer nicht holen?

Der Sundzoll hat aufgehört, frei können Deutsche, Preußische Schiffe hindurch auf dem Weltocean. Hören wir auf zu reden über das versumpfte Spanien, die unbenutzte Goldgrube, — wir machen es noch nicht so gut mit unserem Reichthum!

Statt uns den schon auf der Fahrt tausendfach, durch die Uebung, erweiterte Kenntnisse, Seefertigkeit ꝛc. bezahlten Hering von anderen, hinter uns liegenden Völkern bezahlen zu lassen, kaufen wir ihn von den Holländern, den kleinen Handelskönigen, die uns verachten; geben wir den Dänen hohes Geld, damit sie nur um so tüchtiger werden, uns das zu einer Flotte unumgänglich nothwendige Schleswig-Holstein mit seinen seefertigen Leuten und seinem reichen Handel vorzuenthalten, und uns auszulachen. —

Wir müssen selbst auf hohe See hinaus, um sie uns unterthänig zu machen und durch sie ein Stück Erde zu erringen für unsre Sprache, unsern Handel und unsre Nationalität.

An 185 Millionen Thaler beläuft sich nach beigelegter Einfuhrliste der Import von Thran, gesalzenem und getrocknetem Fisch und Heringen in den Zollverein seit den letzten 25 Jahren.

Diese Werthe lagen in der See für Deutschland eben so gut, als für andere Staaten, und sind demgemäß als rein verloren zu betrachten. Jedoch ist bei alledem nicht das dem Lande entzogene Kapital am Meisten zu beklagen; weit mehr, ja am Meisten müssen wir die durch Vernachlässigung des Seefischfangs ungeübte und unerlangte Kraft bedauern. Deutschland ist der kranke arme Mann, der jetzt vergebens seine nicht angewandte Jugend bejammert, und den nur Wasser- und Turnkur draußen heilen kann. —

Wir machen den fünften Theil der Bevölkerung Europas aus und haben doch noch keine Spur von einem Antheil der übrigen Welt, in welche sich fast schon die anderen europäischen Nationen getheilt haben. Geht es so fort, so werden wir nur zu bald dafür Sorge tragen müssen, andere Elsasse abzugeben, denn fortan kommt große Nationalkraft nur von der See.

China, Japan eröffnet uns seine Häfen, Siam thut dasselbe. — Wollen wir diese Vortheile, welche bei den paar Preußischen Schiffen, die ferne Seen suchen, uns unfehlbar entgehen werden, wieder so nutzlos, wie vieles andere aufgeben?

Nur durch starken Fischfang erhalten wir auch eine starke Handelsmarine. — Uns kann es ja nichts helfen, und Deutschland überhaupt nichts, daß die Hamburger und die Bremer Rheder aus ihren fast 200 Schiffen, die sie als Frachtträger in den ostasiatischen Seen haben pro Jahr schon die Hälfte der Kosten der Fahrzeuge überhaupt gewinnen, (an 2 Millonen Thaler im Jahre), weil jene Schiffe nicht nach dem Vaterlande zurückkehren, um sich da zu repariren, zu verproviantiren und mit neuem Takelwerk zu versehen, und der Deutsche Matrose lediglich zum Nutzen der Hamburger und Bremer Capitalisten ausgenutzt und meist auf fremdem Boden begraben wird. 200 Schiffe auf Seefischfang würden uns Kraft geben und als Basis zu jeder Handesverbindung dienen, während jene gleiche Anzahl Hamburger und Bremer Fahrzeuge uns nicht nur materiell schwächt, sondern auch in politischen Beziehungen in Gefahr bringt, so lange wir nicht eine ganz andere maritime Stellung einnehmen.

Es ist Zeit, höchste Zeit zu handeln!

Die Bank von Rockall bietet Gelegenheit zu einem ergiebigen Anfang; sie gehört Niemand, sie kann in diesem Jahr und noch in zehn Jahren von Niemand erschöpft werden. Wenn die Regierung den

Fischfang durch Prämien heben will, so thue sich eine Gesellschaft zusammen, die ihre Schiffe hinaussendet. Die alte gestorbene Hansa bietet ihr Testament und mit ihm die Mittel zur Erlangung der einst gefürchteten Macht an, lasse sie Niemand unbeachtet vorübergehen. (S. im Anhang: Rockall.)

Wir haben zu wiederholten Malen des Mangels an Thatkraft und Gemeingeist der Deutschen für nationale Unternehmungen gedacht. Wir haben auch sehr wohl diesem Mangel Rechnung getragen in Ansehung der nationaleigenthümlichen Natur und der zweiundbreißigfältigen Zersplitterung der Kräfte. Wir verkennen auch nicht das höhere ideelle Leben und intellectuelle Streben des Volkes der Wissenschaft, aber über allen Statuen, Monumenten, Alterthumsforschungen, pathologischen und philologischen Kritteleien und philosophischen Hypothesen dürfen wir zumal, in dieser Periode des nicht bloß materiellen, sondern auch reellen Wachsthums der Nationen, nicht vergessen, daß wir ebenfalls in der reellen Gegenwart und ebenso für die auf Geschehenes sich stützende Zukunft leben und wirken, und aufhören müssen, von der nur zu sehr verbrauchten Vergangenheit zu zehren.

Vergebens sehen wir uns nach einem Einzigen um, der bei der ihm innewohnenden Kraft und materiellem Capital die nationale Entwickelung in richtige Bahnen zu leiten und zum richtigen Ziele zu führen sich gestimmt fühlte. — Nicht jeder kann ein Friedrich der Große oder Napoleon III. sein. Wir haben zwar auch speculative Genies, aber dieselben bringen dem großen deutschen Nationalkörper kein Leben. Sporadisch, oasenhaft und parcellirt ist ihr Wirken; durch all' die Summen Geldes oder Arbeitskräfte, welche durch Einzelne hier und da vereinigt und in engen Kreisen productiv gemacht werden, wurde dem leblosen zerrissenen Staatencomplex noch keine Arterie gegeben, in der das circulirende Blut ein neues Lebenscapital hervorruft.

In Frankreich ersetzt ein Mann den Mangel an individuellem Interesse für stoffliche und körperliche Einheit des Volkes und giebt sehr Vieles von dem, was in den verschiedensten Zweigen des Volkslebens durch das Zusammenwirken tausender einsichtsvoller, entwickelter und thatkräftiger freier Männer geschaffen werden sollte. — England ist durch ein glückliches Schicksal jenes Zusammenwirken seiner Bürger verliehen, und nicht mit Unrecht sagte neulich bei Gelegenheit der Continuitäts-Debatte ein Mitglied der Junkerparthei des Herrenhauses: „Daß England eine Aristokratie besitze, Preußen eine Demokratie." — In England gehen allerdings die Besten voran, weil es eben solche hat; wir aber besitzen nur ein Volk, welches müde ist, sich von bloß eingebildet Besseren dirigiren zu lassen, von Besseren, von denen es keinerlei Beispiel von Gemeinnützigkeit sich gegeben sieht, wohl aber das der rücksichtslosesten Vertretung der eigenen mit Kurzsichtigkeit aufgefaßten Interessen.

In England giebt es große Staatsseelen und mächtigen Gemeinsinn nicht bloß unter den Vornehmen, nicht bloß unter den Männern, sondern auch Frauen können diese Vorzüge aufweisen. Die Herzogin von Sutherland zum Beispiel, die reichste und vornehmste Dame Englands, welche eine ungeheure Menge von Gruben und anderen liegenden Gütern besitzt und Tausende von Arbeitern beschäftigt, dirigirt Alles selbst, im steten Hinblick auf ihr Wohl, das ihrer Leute und das des Staats. Sie hält ihren Arbeitern, zu Hunderten versammelt, gemeinnützige Vorträge, die in der That geeignet sind, die Zuhörer über ihre Stellung und ihr Verhalten, ihren Zweck und ihre Pflichten der Familie gegenüber aufzuklären — sie hilft mit der That, und bei dann und wann von ihr veranstalteten Mahlzeiten glaubt sie es nicht unter ihrer Würde, sich durch freundliches Begegnen ihren Leuten anzunähern und so unmittelbar auf sie zu wirken.

Wo ist in Deutschland nicht nur eine Frau, denn diese werden durch die Männer gebildet, sondern auch nur ein Mann, der sich in gemeinnützigen, industriellen Bestrebungen und universeller Thatkraft jener englischen Herzogin zur Seite stellen könnte? Wo sind in Deutschland Staats- oder andere Männer hohen Standes, welche ihre Constituenten oder bürgerliche Korporationen wie auf gleichem Fuße mit sich stehend in geschlossener Rede über gemeinnützige Gegenstände belehrten, wie ein Gladstone, wie die Lords Russel, Palmerston oder selbst Derby, geschweige wie ein Lord Brougham schon zu hundertmalen gethan? Und doch bedarf Deutschland so vieler Geister, die im Rückblick auf die Zeiterfordernisse nicht nur in ihren kleinen Kreisen gemeinnützig schaffen, sondern auf die Totalität fördernd und bindend agiren. Wir haben zwar einen Hansemann, der mit bewunderungswürdigem speculativem Scharfblick begabt, ungeheure Geldsummen in bestimmten Kreisen in Bewegung setzt und mit Rücksicht auf pecuniären Erfolg den Besitz und Credit der in sich abgeschlossenen, besitzenden Masse stetig verdoppelt; wir haben zwar einen Schulze-Delitzsch, der mit der väterlichsten Fürsorge die Macht der Arbeit erkennt und ihr Capital mit Rücksicht auf moralischen Erfolg in sich selbst belebt und gekräftigt hat — und wir erkennen dankbar das Verdienst Beider an. Aber des Einen Verdienst verleiht noch keiner ganzen Nation Segen und des Andern wohlthätiges Schaffen unterstützt und erhält nur die moralische und physische Freiheit der arbeitenden Masse gegenüber dem Alles fesselnden, aufsaugenden und demoralisirenden Kapital. — Wir haben noch Niemand, der dem leblosen deutschen Staatencomplex eine nie versiegende Arterie gegeben hätte, welche als rothes Lebensband todtes Capital und arbeitende Kräfte gleichzeitig und nationalgemeinnützig vereinigt und in der Einigung erhält.

Der Seefischfang im rechten Maßstabe betrieben kann eine solche Arterie werden.

Er bietet den schon vorhandenen noch nicht beschäftigten und den zeitweilig heranwachsenden arbeitsfähigen Kräften Gelegenheit, staatlich gemeinnützig zu existiren und sich mit moralischem und materiellem Vortheil zu verwerthen.

Er bevölkert die Küsten, sichert eine neue steuerfähige Zahl von Arbeitern, macht dieselben seefertig und der Nautik kundig und zieht einen Stock heran, aus dem unwillkührlich eine deutsche Flotte immer heranwachsen wird.

Er verschafft uns unmerklich eine große Anzahl Fahrzeuge, die uns eine deutsche Kauffartheiflotte und Marine bilden helfen.

Er verhindert eine bedeutende Geldausfuhr nach fremden Ländern und da durch die Hebung eines Industriezweiges auch andere mit in die Höhe kommen, so würde fortan auch die Arena unserer gewerblichen Thätigkeit ausgedehnt werden. (Als Beweis siehe die Anmerkung über Thran und Jute bei Dundee, Schottland.)

Er erhöht den Verkehr und gewährt den Verkehrsmitteln neue Quellen durch den Transport und die von uns angedeutete Benutzung der Telegraphie u. s. w., und kräftigt die industrielle Lebensfähigkeit in jeder Beziehung. Er ermöglicht in der Zeit, wo der Seefischfang auf hoher und entfernter See durch die Jahreszeit unterbrochen ist, durch die Präsenz der momentan nur mit Küstenfischfang beschäftigten Leute, den Genuß des so sehr gesunden frischen Seefisches nicht nur an den Küsten, sondern auch bei den schon vortrefflichen und sich noch immer mehr ausdehnenden Verkehrsmittel und in der von uns bereits berührten, später anderwärts zu besprechenden Art und Weise, den ausgedehnten Consum.

Endlich aber entzieht er uns nicht zur Zeit wo es Noth thut, im Frühjahr und Herbst, wie dies bei der Handelsschifffahrt der Fall ist, in den Monaten also, wo ein Krieg gewöhnlich ausbricht oder doch wenigstens erkannt wird, die seefertige Mannschaft in Bezug auf Matrosendienst oder Küstenvertheidigung. —

Die Ader ist durch den Seefischfang gegeben. An deutschen national=industriellen Genies ist es, sie pulsiren zu machen, ihr durch das Kapital warmes, lebendiges Blut einzuflößen. An Kapital fehlt es nicht, wenn sich nur auch die Genies fänden, die die Pest des lokalen Wuchers für das Nationale noch nicht zerrüttet hat. —

Wir erwarten es weniger von der Regierung, als von den Einzelnen, die den Beruf fühlen, sich und der Nation zu nützen. Mit Rockall ist ein guter, ergiebiger Anfang zu machen. Nur einige Wenige associirt und mit vereinten Kräften ans Werk und der gar nicht so schwierige Grund ist gelegt.

Nicht langer Zeit bedarf es, der Same schießt auf zur tausendfältigen Frucht, und der Sämann selbst wird noch millionenfach ärnten. —

Wir haben bereits erklärt, daß das beste Mittel, den Fischfang Preußens resp. Deutschlands auf hoher See zu fördern, Zollvereins-Prämien sein würden, und gaben zu dem Behuf schon statistische Bemerkungen. Neuerdings nun ist uns jedoch von Seiten der „Ostsee-Ztg." vorgeworfen worden, eine Prämiirung des Fischfangs auf hoher See sei zweckwidrig; wir kommen also, um allen späteren Einwendungen zu begegnen, noch einmal auf den fraglichen Punkt zurück.

Der erwähnte Artikel der „Ostsee-Ztg." meint, daß sich nicht nur die Wissenschaft, sondern seit einer geraumen Reihe von Jahren auch der praktische Entwickelungsgang in fast allen Staaten gegen jene früher beliebte Maxime, ein Gewerbe künstlich auf Kosten der anderen heben zu wollen, erklärt hat. Der gesunde Menschenverstand habe längst begriffen, daß jene Maxime den Fortschritt der gesammten gewerblichen Entwickelung nothwendig hemme, selbst wenn das einzelne, besonders „geschützte" oder „prämiirte" Gewerbe dabei floriren sollte, was doch keineswegs immer der Fall wäre.

Welchen kläglichen Erfolg derartige Staats-Unterstützungen nur zu häufig hätten, bewiesen gerade die Fischerei-Prämien. Frankreich, wie alle katholischen Länder, habe einen sehr großen Fischverbrauch, also einen sehr sichern Markt für seinen Fang; aber trotzdem, und trotz der großen Staatsprämie, und trotz der Summen, welche außerdem die Regierung für die Stationirung von Kriegsschiffen an den Fischereiplätzen zum Schutz der Fischer aufwende, könnten die Französischen Fischer-Flotten nicht einmal für den heimischen Bedarf genug fangen. Denn die Französischen Fischer angelten weniger nach dem Stockfisch als nach der Staatsprämie, und diese Staatsprämie hätte bis heute noch aus den Franzosen kein Fischervolk und kein wahrhaftes Seevolk machen können, während die Norweger und Schotten, welche die größte Fischerei trieben, keine Staats-Unterstützungen erhielten.

Inwiefern und wo sich die Wissenschaft nun gegen die von uns vorgeschlagenen Prämien ausspricht, beweist die „Ostsee-Ztg." nicht; auch möchte es ihr schwer werden, dafür den Beweis zu liefern. Im Gegentheil räth

z. B. Monsieur de Coste der französischen Regierung zur Prämiirung der Austernbänke, wie folgt:

Monsieur de Coste schreibt im Moniteur vom 9. April 1861 „über die Organisation der Fischereien in Bezug auf die Hebung der Seemacht Frankreichs" rücksichtlich der Austernzucht, welche bekanntlich Napoleon auch an der Küste Algeriens in großem Maaßstabe betreiben läßt, indem er sie als „dauerhafte submarine Colonien bezeichnet, daß die an der Küste Frankreichs neu angelegten Beete (parcs) eine wahrhaft prebigiöse Ausdehnung gewinnen. In Ile de Ré hätten sich allein 3000 Männer aus dem Innern zu diesem Zwecke niedergelassen und bereits (1861) 15,000 Beete angelegt, welche jährlich schon 378,000,000 Austern im Werthe von 800,000 Frcs. geben. Herr Coste zeigt an, daß sich unter diesen Leuten selbst Associationen zur Anlage von noch mehr Austernbeeten längst der Küste gebildet hätten, die eben so wohl Prämien verdienten als die Neufundland-Fischer, zu deren Hebung man mehrere Millionen (an 9 Millionen) Frcs. verwende, und daß ähnliche Associationen auch Beete von Solen, Flundern, Turbots, Bays, Hummern und Seekrabben anlegen könnten, nur müßten ihnen die Mittel vorgeschossen werden, sich Seefische anzuschaffen; das könnte durch die Caisses maritimes geschehen, auf die Bedingung alle Monat 3 pCt. von ihrem Erwerb zurückzahlen, über jene 3 pCt. hinaus, die sie ohnehin zahlen müßten, um in Krankheit oder hohem Alter Unterstützung zu empfangen. Solche Associationen würden der kaiserl. Marine viele Kräfte zuführen, den inländischen Städten eine große Zufuhr von Fischen und den Feldern werthvollen animalischen und vegetabilischen Dünger aus dem Meere verschaffen.

Der Handelsvertrag zwischen Frankreich und England vom 12. November 1860 setzte den Prohibitiv-Zoll von 48 Frcs. pro Schiffstonne Fisch auf 12 Frcs. für frischen oder gesalzenen Fisch herab; dagegen protestirten die Fischer von Dunkirk, Boulogne und Calais, denn es würde sie ruiniren, da sie der Aushebung zur Marine unterworfen wären. Diese umfaßt ganz Frankreich, 172,000 Mann! wie viele aber in Preußen? Die Englischen Fischer seien frei von dieser Last. — Das ist nun nicht mehr wahr, denn in England giebt es jetzt nun auch marine-volunter-inscriptions, die bereits 32,000 Mann zählen und in stetem Wachsthum begriffen. Dabei aber kann Frankreich bei dieser großen Zahl von Inscribirten doch nur auf die im Fischfang und der Küstenfahrt beschäftigten Seeleute rechnen, wie sowohl Michel Chevalier, wie auch Admiral Germain Desfossés zugeben, während Englands See-Volontaire zu jeder Stunde schlagfertig sind. Bei den Notizen über England findet sich die Ansicht Lord Palmerston's als Wardein der „Cinque Ports" über diese Reserve.

Wie sich der praktische Entwicklungsgang in fast allen Staaten gegen unsern Vorschlag aussprechen sollte, können wir nicht begreifen, und behaupten auch, daß dieser Fall, so lange die Welt steht, nicht dagewesen ist.

Eine derartige Meinung, wie die der „Ostsee-Ztg.", ist zwar leicht hingestellt, aber eben auch nur nichts sagend, da sie jedes wissenschaftlichen Fundaments entbehrt. Im Gegentheil wird aus den beigefügten, sorgfältig und mit Mühe gesammelten statistischen Notizen zu erkennen sein, daß überall Fisch-Prämien entschiedenen Fortschritt des Fanges bewirkten, und es gehört wenig „gesunder Menschenverstand" dazu, einzusehen, daß weder in Frankreich noch in den Vereinigten Staaten die Staats-Unterstützungen klägliche Folgen gehabt oder einen andern Erwerbszweig geschmälert haben. Was die Staaten betrifft, die im Fischfang groß sind und keine Prämien zahlen, verweisen wir kurz auf England. England zahlte von 1809—1830 jene Unterstützung, und hob sich eben dadurch so, daß es seit dem letztangegebenen Jahr nicht mehr nöthig hat, das Fischerei-Gewerbe künstlich in Schwung zu bringen: das Volk selbst hat den Seefischfang als einen Haupthebel seiner nationalen Macht, besonders zur See, erkannt und thut nun allein, was es früher durch den individuellen Egoismus zu thun getrieben wurde. In Bezug auf Schottland und Norwegen ist es unnütz, die Gründe des Wegfalls einer Prämiirung der Fischerei darzuthun. Beider Länder Völker waren ja von der Natur darauf angewiesen, dem Meere abzuringen, was der Boden nicht gewährte, und überdies liegt ihnen das Wasser bequemer, als allen Anderen. Ebenso gut könnte man fragen bei einem Vorschlag zur Prämiirung von Zuchtvieh: Warum prämiirt Der oder Jener Fürst, der Nomaden-Stämme zu Unterthanen hat, diesen nicht ihr Vieh? Jedermann würde dem Frager ins Gesicht lachen und einfach entgegnen: Das ist unnütz; die Leute leben nur von ihrer Viehzucht und die Existenzfrage lehrt sie schon, gutes Vieh aufzuziehen!

Freilich ist Schottland's und Norwegens's Seefischfang der bedeutendste; aber einzig und allein deswegen, weil die Naturnothwendigkeit, als der beste Lehrmeister, sie unterrichtet. Sollen nun deswegen andere Völker, für die dieser natürliche Hinweis nicht da ist, des Vortheils verlustig gehen?

Die „Ostsee-Ztg." spricht sehr leichtfertig über Dinge, die sie sonst so gut versteht. Wir wollen nicht fürchten, daß der feste Heringsimport, von dem Stettin den Hauptvortheil genießt, im Stande sein werde, das Urtheil von Nichtinteressenten zu trüben.

Wenn uns Jemand frägt, warum denn Irland nach unserm Beweis Prämien hat, und, obgleich in derselben Lage wie Schottland, doch nicht sich so durch Fischfang auszeichnet, können wir eben bloß auf die nationale Eigenthümlichkeit des Volkes hindeuten, welches bei einer Apathie gegen jede höhere Industrie zufrieden ist, eben nur seinen Bedarf zu haben. Mit Preußen und Deutschland aber ist das anders; erstens treibt die geographische Lage das Volk nicht gerade auf das Meer und zweitens macht seinem Phlegma dieser Deutschland dennoch unbedingt nöthige Erwerbszweig zu viel Unruhe und Mühe. Das niedere Volk, für das der Seefischfang so recht eigentlich da ist, thut nichts, wo es nicht einen effektiven Vortheil sieht. Deswegen also, und weil endlich trotz der Vernachlässigung und trotz aller nur möglichen Erschwerung der deutsche Seefischfang doch Einiges geleistet hat, hieraus ersichtlich jedoch 10 mal mehr leisten könnte, widerholen wir unsern Antrag im Namen und zum Besten der Nation: Prämiirung des deutschen Seefischfanges.

Wir kommen noch einmal auf den Artikel der „Ostsee-Zeitung" gegen uns zurück. Derselbe lautet ferner: „Was übrigens den Fang auf hoher See betrifft, so würde wohl schwerlich eine noch höhere Prämie als 20 Sgr. per Tonne gesalzenen und 1½—2 Thlr. per Ctr. getrockneten Fisches denselben rentabel machen; denn die hohe See ist verhältnißmäßig fischleer. Nur der Wallfischfang wird auf derselben betrieben, seitdem diese Thiere durch zahlreiche Nachstellungen von den Küsten verjagt sind, ꝛc. Der große Seefischfang ist allenthalben an den Küsten, so an der Norwegischen, Schottischen, an der Küste von Labrador ꝛc. und zwar meist zur Frühjahrs- und Herbstzeit. Und für diesen großen Fang haben die Strandbewohner das natürliche Monopol, ein Monopol, welches ihnen, sobald sie sich für ihre Fischerei interessiren, von anderen entfernt wohnenden Nationen nicht streitig gemacht werden kann, wie wir das bei der Schottischen Fischerei sehen, welche früher von Holland aus betrieben wurde. Seitdem sich die Schotten derselben angenommen, ist die holländische Fischerei im Verhältniß zu früher ohne Bedeutung. Die Bewohner des an Fischerei-Meerestheilen nahen Strandes können die Fische am Lande einsalzen, räuchern oder darren, während die entfernt wohnenden Fischer diese Procedur auf den Fischerei-Fahrzeugen vornehmen müssen, wodurch die Waare sehr vertheuert wird."

Allerdings wollen wir den Fischfang auf hoher See prämiirt wissen, weil sonst, wie das Beispiel zeigt, Niemand ausgeht; aber wir haben damit noch nicht gesagt, daß der Prämiensatz, den wir auf's Ungefähre aufstellten, gerade gelten müsse.

Uebrigens kann ja die Prämiirung nach dem Tonnengehalte, ähnlich wie in den Vereinigten Staaten durchgeführt werden, nur daß die eigenthümliche Lage Deutschlands, was den Fischfang anbelangt, eine auf größeren Tonnengehalt berechnete und um Einiges höhere Prämie erfordert. —

Was die Fischleere der hohen See betrifft, so ist das erwiesen unrichtig; die Ostsee mag verhältnißmäßig fischleer sein, aber wir möchten auch nicht die Preußischen, resp. die Deutschen Schiffer bloß auf der Ostsee sehen, zumal dort überhaupt der Fisch an Quantität und Qualität geringer ist, als in den Nachbar-Seeen. Von dem Wallfischfang noch später. Eine so ungeheure Bevorzugung aber, wie die „Ostsee-Zeitung" den Küstenbewohnern einräumt, können wir nicht erkennen. Und zwar aus mehreren Gründen. Primo, beschränkt sich der große Fang nicht bloß auf die Küstenstriche; im Gegentheil ist jede Bank im offenen Meere den Fischzügen ein weit willkommener Sammelplatz, schon wegen größerer Ungestörtheit und reichlicherer Nahrung. Secundo, giebt es kein Prioritätsrecht oder andere Einschränkungen bei dem Seefischfang und tertio bleibt es ja jedem Fischervolk anheimgestellt, zu lauben, wo es will und also sich auch des Vortheils baldiger Absatz- und Fisch-Bereitungsquellen theilhaftig zu machen. Selbst wenn dies auch nicht der Fall wäre, kann, wie aus den Briefen von Rockall ersichtlich, durch Hülfsfahrzeuge der Fisch an Bord genommen und präparirt

nach dem nächsten Markt oder nach Haus gebracht werden, und zwar so,
daß die heimfahrenden und die diese wiederergänzenden Fahrzeuge sich stetig
ersetzen.

Was die Kosten der Hinfahrten leerer Schiffe, z. B. aus der Ostsee,
anbelangt, so würden sich dieselben häufig durch Frachten nach England
oder Schottland um Vieles reduciren.

In Bezug auf den Küsten- oder gewöhnlichen See-Fischfang, bemerken
wir, daß es ganz besonders das Streben Deutschlands, resp. Preußens und
Hannovers sein muß, die Nordsee auszubeuten.

Grund zu unserer Bevorzugung der Nordsee vor der Ostsee ist der
Umstand, daß z. B. der Hering selbst im gesalzenen Zustande aus letzterer von
Niemand, selbst nicht von den niedrigsten Ständen gern gegessen wird, während der Nordsee-Hering als Delikatesse gilt und dreifach höheren Preis
hat. Der Ostsee-Dorsch ist sehr klein und vielfach mit Beulen behaftet,
während der mit ihm zu vergleichende Kabeljau der Nordsee tabellos ist,
und ebenso steht es auch mit den flunderarartigen Fischen beider Seeen.

Kann Preußen bessere Gelegenheit zur Benutzung des Reichthums
haben, als jetzt durch den Jadebusen? Von dort aus müssen die Bestrebungen koncentrirt werden.

Auch für Austernbänke fände sich vielleicht Platz, da ja der Salzgehalt der Nordsee zur Existenz dieser Thiere genügt.

In der Ostsee ist das Alles nicht; aber auch da könnte und müßte sich
ein größerer Nutzen herausstellen, wenn man die Sache am rechten Ende
angriffe. Bisher haben sich die kleinen Bootsinhaber, also die Mehrzahl
der Fischer, ja nur auf die Küste beschränken können. Was soll man dazu
sagen, wenn z. B. die ganze Preußische, 3—4 Meilen lange Küste des
Dars und Zingst jährlich für 10—15 Reichsthaler verpachtet wird, und
dafür auch sich kaum noch Pächter finden?

Hier an der Ostsee-Küste, wie anderwärts, sind die Haupterfordernisse:
„Freier Küstenfischfang, Associationen und Kontrakt-Systeme
zwischen Unternehmern und Fischern." Der Mann muß wissen,
wofür er seinen Fisch fängt; und daß ihm jeder Fang so und so viel einbringt, dann beutet er auch das Meer aus.

Sobann müssen Guanofabriken errichtet werden, damit der Fischabfall
und schlechte Fisch gleich verwerthet werden kann; endlich aber ist durch
Anlage von Fischerdörfern die ganze Küste mehr zu bevölkern.

Vor einigen Jahren noch wurde die Anlage eines Fischerdorfes bei
„Darßerort" von dem Königl. Fischmeister zu Stralsund, Herrn Nernst,
der sich durch große Umsicht und Sachkenntniß auszeichnet, bei der Regierung beantragt und abgewiesen, aus Rücksicht für die dortigen Forsten
und wegen damaliger Abneigung gegen kleinere Besitzthümer.
So Etwas darf nicht wieder geschehen aus staats- und volkswirthschaftlichen Rücksichten.

Je mehr Fischerdörfer, um so mehr Fischerei und je mehr Fischerei, desto größere Pflege der See und seines Reichthums. Was hat mehr gemeinnütziges Interesse: ein Forst, der nur in sehr geringem Maßstabe beeinträchtigt würde, oder eine Kolonie gewerbfleißiger Leute? Eine Anzahl von Stämmen, die nur von Zeit zu Zeit ein Paar Thaler einbringt, viel Mühe, Zeit und Geld kostet, — oder der Seefischfang, dessen Beute stetig wiederkehrt, ohne Mühe, ohne langes Abwarten, ohne Kosten? —

Wir erwähnten früher einmal, daß die Einfuhr-Prämie auf gesalzenen und getrockneten Fisch aus hoher See mit einem systematisch geregelten, nach allen Richtungen hin betriebenen Absatz oder **Verschleiße frischen See-**, also **Küsten-Fisches** Hand in Hand gehen müsse, beides also die zwei Füße der Fischerei in großem Maßstabe und mit wirklichem Nutzen wären. Letzteres, d. h. die Nothwendigkeit und die ungeheure Vortheilhaftigkeit eines Verschleißes, begründet sich von selbst, denn erst, wo der Fisch ein dankbares Handelsobject wird, beginnt seine Bedeutung. Wenn wir gerade den **Absatz frischen Seefisches** hervorheben, so geschieht das, weil der voraussichtlich als bisher nur sehr mangelhaft, vorzugsweise das Binnenland zum Mitinteressenten machen und nicht unmerklich den Verkehr steigern würde.

Das **Jahr 1862 ist erwiesen ein Wendejahr für den Seefischfang und die maritime Ausbildung der Staaten; Monitor und Rockall ist die Lösung auf dem Meer.** Will Deutschland nun nicht Alles aufgeben, so muß gehandelt werden. — Wie es jetzt um die Fischerei und die Fischer bestellt ist, kann das aber schon nicht mehr so leicht geschehen, wegen Mangels an Geldmitteln der letzteren, wegen der mißlichen geographischen Lage Deutschlands und der bisherigen totalen Vernachlässigung des betreffenden Erwerbszweiges. Es muß somit der ersten Bestrebung unter die Arme gegriffen, oder, wie wir schon so oft gesagt haben, es müssen ihr Prämien zuerkannt werden.

Der Weg, diese zu erlangen ist ein dreifacher.

Der erste und einfachste wäre der, daß die Landesvertretung, die jetzt grade in den meist betheiligten Staaten, Hannover und Preußen, tagt und mit den Budgets-Berathungen beschäftigt ist, bezeichnete **Prämien direct votirt.**

Der zweite, daß **nationale Gesellschaften oder reiche Private aus nationalem Interesse dieselben aus ihren eigenen Mitteln zusammenschießen.**

Der dritte endlich, daß das **Kriegs-,** resp. **Marine-Ministerium** als Hauptfactor der Frage gewisse Summen niederlegte, um die Deutschen der reichen Beute auf Rockall theilhaftig zu machen, und so den nachhaltigsten und besten Grund zu einer Seemacht zu legen.

Jeder von den drei Fällen oder Wegen ist zweckmäßig, und da, sicherem Vernehmen nach, Einige noch blos auf eine kleine Aufmunterung zur Fahrt warten, so dürften nach vorhergegangener Prämien-Votirung schon 20 bis 30 Schiffe in 4 Wochen nach Rockall in die See stechen. Sollten sich auch nur ein Paar Dutzend preußische Schiffe nach Rockall begeben, und würde eine hinreichende, ermuthigende Prämie decretirt, wäre es kaum zu bezweifeln, daß noch 50 dahin ausziehen würden, da die Jahreszeit bis wenigstens zu Ende September günstig bleibt. Diesen Schiffen müßte zur großen Ermuthigung gereichen, einen preußischen Kriegsdampfer zum zeitweiligen Begleiter auf der Bank zu haben; übrigens würden sie dann nur sich desselben Vorzugs erfreuen, den die Schiffe anderer Nationen auf Rockall genießen. Abgesehen von dem bloß moralischen Effect auf die Mannschaften, abgesehen von der Aufrechthaltung der Ordnung und Mannszucht auf der Fischerflotte, von der Bequemlichkeit, Widerspenstige, Verunglückte und Kranke, (für welche letztere auf Fischerbarken nicht hinreichende Arznei, chirurgische Mittel, geschweige Aerzte, sein können) sofort auf dem Kriegsdampfer unterzubringen — wir sagten, abgesehen von dem Allen, müßte die Begleitung eines preußischen Kriegsdampfers auch im Falle einer Windstille und gleichzeitiger Entfernung des Fischzugs, schon der Uebungsfahrt halber und wegen der dabei vielfältig gebotenen Erfahrung für das begleitende Schiff und seine Mannschaft von großem Vortheil sein.

Die Maschinerie für die großartigste aller Unternehmungen, deren Deutschland bedarf, harrt nur noch des Anstoßes, um sich in Bewegung zu setzen.

Es kann in diesem Falle gar nicht als ein erst zu lösendes Problem angesehen werden, wie weit eine solche nationale Anstrengung dem Privatunternehmen überlassen bleiben sollte, wie weit die Unterstützung der Regierung wünschenswerth ist. Dies Problem ist dreifach gelöst vor unsern Augen, in Frankreich, in den Vereinigten Staaten und in England — und zwar in letzterem Staate zu zwei verschiedenen Malen — zuerst mit den englischen, dann mit den irischen Fischereien.

Und wie sollte Deutschland allein nicht einen einzigen Theil seiner Staatseinnahmen bei Seite setzen können zu dem Zweck, den Reichthum, das Glück, die Kraft und die Genüsse seines Volkes zu vermehren? Wie dürfte es die Gelegenheit zur Entwickelung der größten Fähigkeiten, für deren Benutzung der Privatunternehmungsgeist zu schwach, zu furchtsam ist, ganz unversucht lassen?

Rockall.

Der Fischgrund auf Rockall. Die Irische Times vom 10. October 1861 sagt unter vorstehender Ueberschrift: Dieses Fischer-Dorado ist vielen holländischen und französischen Fischern schon einige Jahre her als ein höchst ergiebiger Grund wohl bekannt gewesen und von ihnen besucht worden. Seine Lage ist genau angegeben auf Holländischen Karten, die Chowan, der Kartenhändler, neben dem Stadthause zu Amsterdam verkauft, auf welchen die westliche Küste von Irland und Schottland und die Hebriden sich auf das Genaueste aufgezeichnet finden. Darauf sind an den Stellen, wo der schönste Fisch gefunden wird, kleine holländische Fischboote sogenannte buss (Buysen) gezeichnet. Die ganz genaue Lage von Rockall ist jedoch erst durch Capt. Vidal von der Königlichen Marine von der „Pile" aufgenommen worden. Ihm zu Folge ist es eine isolirte Gruppe von Felsen in 57. 35o nördlicher Breite und 13. 40o westlicher Länge. Von der Tory Insel auf der Küste von Donegal liegt es Nord-West und von S. Kilba West und bei Süd, 30 Stunden Segel von ersterem und 130 Miles von letzterem. Die Sondirungen ergeben 50 bis 80 und bisweilen 70 bis 90 fathoms. Der Grund ist grober Kies (gravel), Muscheln und feiner Sand. Die Bank liegt nicht weit nach Norden ab von der Route der Canadischen Dampfer auf der Nordpassage. Es ist ganz sicher, daß eine ungeheure Menge von Fischen sich um diese Felsen versammeln, indem sie durch die Beschaffenheit des Bodens, der einen Ueberfluß von Seethieren bietet, angezogen werden. Die Fische, welche die Westküste von Irland frequentiren, als der Stockfisch, ling (Klippfisch) und torsk sind dort in ungeheurer (vast) Zahl, wie auch verschiedene Arten von Cetacea als der Wallfisch, der Squali und der Hay.

Der Fisch, der dem Dr. Dawson als Zoolog am meisten zu schaffen machte, ist der Rorqual, von dem es zwei Arten giebt, einen großen und einen kleinen. Es ist ein sehr sonderbarer Fisch; er hat einen großen Büschel Haare auf der Schnauze. Der Grampus (Phocoena grampus) und auch der blaue Hay (Garcharius glaucus) hausen dort.

Wir geben hier die erste Notiz über Rockall, die in der Times vom 30. Juli 1861 erschien — um zu zeigen, wie eine wichtige Sache, obgleich theilweise bekannt, bisweilen von einer ganzen Nation und das von einer thätigen, wie sogar von den Engländern, vernachlässigt werden kann — in einem kurzen Auszuge eines Briefes des Dr. Dawson, Arzt auf North Isles:

Am 18. Juni liefen hier die Smack „Resolution", Capt. Gardner von London und Smack „Adventure", Capt. Rhodes von Gravesend ein auf ihrer Rückkunft von den Faroe-Inseln und Island, völlig leer nach sechswöchentlichen Versuchen, denn es war der Fisch dieses Jahr dort ganz weggeblieben, so daß es andern Fischern nicht besser ergangen war. Der wenige Fisch, der sich gezeigt hatte, war in keiner guten Condition, d. h. mager. Capt. Gardner theilte dem Schreiber dieses Briefes mit, daß er jetzt nach Rockall gehen wolle, einem Orte, 360 Miles W.-S.-W. von hier.

Vor 15 Jahren nämlich habe er einmal mit dem Mate eines irischen Fischerbootes, mit dem er früher zusammen in einem Kriegsschiffe gedient hatte, nachdem dieser gehört, daß er Capitain einer Fischsmack sei, folgende Unterredung gehabt. „Mag die Nordsee zum Teufel gehen! Du weißt wahrlich nicht, wo man Stockfisch holt! Geh' nach Rockall, dort ist eine Bank, 80 Meilen lang, die schwärmt von Fischen. Ich bin dort dreimal „bekalmed" gelegen und habe Stockfische gefangen so groß wie Esel und sie waren so zahlreich wie Heidelbeeren." Oft schon habe er hingehen wollen, aber es sei doch ein gar zu einsamer Ort, um allein zu gehen; so habe er denn nun Capit. Rhodes beredet, mitzukommen. Sie gingen am 2. Juli ab und zum Erstaunen des Fischbereiters (Curer), dem sie ihre Fische hier übergaben und der sehr sachverständig ist, kamen sie am 13. Juli schon wieder zurück, der eine mit 15, der andere mit 12 Tuns (= 2200 Pfd. jede) des größten Stockfisches, der je gesehen worden war, viele von 1 Centner schwer; so daß ein jeder, nach hiesigem Werthe, (dem eines kleinen Hafens im Nord-Westen von Irland) für 100 Pfund Sterling Cobfisch in 5 Tage gefangen hatte. Cap. Rhodes theilte mir mit, daß sie den Fisch so schnell gefangen, als sie eben die Leinen einziehen gekonnt, und daß, wenn ein Stockfisch anrchrisse, wahre Ungeheuer von Hayen, so blau, als wenn sie so eben erst angestrichen worden wären, diese in einem Augenblicke verschluckt hätten. Die Seevögel selbst seien zahm und schienen nie von Menschen gestört zu sein; viele davon kämen an Bord um den Abfall zu fressen. Die Stockfischlebern seien ungemein reich an Oel.

Rockall, dieser einsame Felsen auf dem Ocean, der auf eine Zeit das Eldorado unsrer Stockfischfänger werden wird, erhebt sich ungefähr in der Höhe eines Schiffs über die See und über ihn hin schlägt im Sturm wild die See und singt den Grabgesang von manchem tüchtigen Schiff, dessen Schicksal unbekannt geblieben ist und für das man Eisberge verantwortlich macht.

Die beiden Schiffe sind sogleich wieder hinausgezogen. Ueber den Ausgang dieser zweiten Reise werde ich zum Besten anderer genau berichten. Ich bin der Ansicht, daß es vortheilhaft wäre, ein Schiff mit dem Smacks auszusenden, um den Abfall aufzunehmen. Die Köpfe, das Rückgrat und die Eingeweide, mit irischen Torfstaub vermischt, würde in wenig Wochen einen Dünger machen, der dem besten Guano vorzuziehen wäre.

Der Arzt Dawson, der die Bank besucht hat, sagt: das nächste Land von dem Rockall-Felsen, der einzige auf der 100 Meilen langen an 40 Meilen breiten Bank, ist das 146 Meilen von der Westlichsten Hebriden-Insel liegende kleine S. Kilba.

Der Fels ist auf wenige Meilen ab einem großen Wasserfasse ähnlich, das in der grenzenlosen See herumschwimmt. In St. Kilda selbst ist kein Hafen noch sonstiger Schutz für ein Schiff und es geht überhaupt kein Geschäft irgend welcher Art von vor sich. Es ist aber rathsam für jeden, der die Bank besucht, zuerst St. Kilda aufzusuchen, sonst findet er den Felsen nicht leicht, da er so niedrig ist.

Die Art und Weise der Bankleute auf Rockall zu fischen, war ganz dieselbe, wie die, welche sie an der Nordsee bisher verfolgt hatten. Sie bedienen sich bloß der sehr fest und rund (Stout et welled) gebauten Smacks von 90—80 Tuns, jedes zu 4—5 Mann und 5 Jungen. Sie machen nur Gebrauch von Handleinen (lines) mit einem bleiernen Senker und 2 Hacken an jeder Linie (each mans line). Jede Art von Abfall dient als Köder. Das Beste erschien ein Stück Rückgrab von einem Fisch, das man in Form eines Fisches geschnitten hatte, denn da ein solches Stück zähe ist, hält es viele Tage aus. Der gefangene Fisch wurde ausgenommen, geöffnet, der Kopf abgeschnitten, das Rückgrab herausgenommen, gesalzen und dann aufeinander gelegt, bis das ganze Schiff voll war. Die glücklichen Seefischfänger kehrten nach Westray zurück, gaben sie an die Kaufleute ab, welche stets Fische in diesem Zustande gekauft haben, entweder pr. Tonne oder Zwanzigweise. Einige dieser Smacks waren 12 Tage auf See von Westray nach Rockall und zurück, aber bloß 5 Tage auf der Bank, so daß sie 4 Tage zum Hingehen und 3 Tage zur Rückfehr brauchten. Jede Barke hatte 14 Tonnen Cob, für die sie 10 s. pr. Tonne erhielten; es betrug also der Fischerwerb in 5 Tagen 140 Pfd. St. (= 9½ Thlr.) Dieser Fisch wurde wenige Wochen darauf, nachdem er getrocknet war, von den Käufern zum doppelten Preise wieder verkauft.

Die passendste Art und Weise der Fischerei auf Rockall ist also nach den kurzen an Ort und Stelle gemachten Erfahrungen dieselbe, wie sie herkömmlich von den Fischern in der Nordsee während des Sommers gehandhabt wird, auf Fahrzeugen von 40—50 Tonnen Tragkraft, mit 5 Mann und 4 Schiffsjungen an Bord, jedoch sind auch große Schiffe dort vortheilhaft zu verwenden. Man bedient sich nur der Handleinen mit Senkblei und zweier Widerhaken an jeder Leine.

Sind die Fische gefangen, so werden sie ausgenommen, zertheilt, die Köpfe abgeschnitten, das Rückgrat herausgenommen; dann werden sie gesalzen, und einer über den andern geschichtet. Die meisten Fahrzeuge brauchen von Westray aus bis Rockall, nur 12 Tage d. h. für die Hin- und Zurückreise mit 5 T. für die Fischzeit und doch brachte jedes 14 Tonnen Stockfische zu 10 S. die Tonne, so daß sich der Fang von 5 Tagen, also auf 140 S. (oder 933 Thlr.) im Werth belief.

Das geeignetste Mittel, die Reichthümer von Rockall auszubeuten, sagen die sachverständigen Berichter der Times, wäre die Gründung von Actiengesellschaften mit 40—50,000 £. Kapital in Actien zu 1—2 £; dieselbe müßte neben Stockfisch zugleich die Oel- uud Düngergewinnung berücksichtigen. Solch eine Gesellschaft könnte 3 große Schiffe mit 20—30 Mann incl. Jungen jedes Schiff, ausrüsten und während der ganzen Zeit fischen lassen; sodann ein Schiff als Tender oder Proviantschiff, um die stationären Schiffe mit frischem Wasser, Nahrung und Salz zu versorgen und den gefangenen Fisch frisch oder gesalzen nach den Märkten zu schaffen, ein fünftes Schiff hätte die Abfälle und unbrauchbaren Fische aufzunehmen. Die stationären Schiffe müßten mit Wallfisch-Booten, Harpunen, Leinen und Kettengeschossen für die Haifische, deren Lebern viel Oel enthalten, versehen sein. Dann wären an Bord noch einige Personen erforderlich, die mit Zerlegen, Ausnehmen und Einsalzen der Fische vertraut sind. Das zum Wegschaffen der lebenden Fische bestimmte Schiff würde meist in zwei Tagen beladen werden können, und müßte dann die frischen Fische nach einem geeigneten Eisenbahnhafen bringen, von wo die Fische in wenigen Stunden nach den verschiedensten Richtungen in's Innere des Landes zu versenden wären.

Statistische Angaben und Bemerkungen zum Seefischfang.

Wenn es in vorhergehendem erstem Theile der Broschüre der Zweck war, der großen Masse, die nicht gewöhnt ist, aus bloßen Zahlen zu folgern und aus der Statistik eines Gewerbszweiges auf dessen Bedeutung zu schließen, ein ungefähres Bild vom deutschen Seefischfang, wie er ist und wie er sein sollte, zu geben, so wird dieser zweite Theil sich lediglich damit beschäftigen, die Nothwendigkeit einer Annahme der gethanen Vorschläge wissenschaftlich, d. h. durch Zahlen und Daten zu begründen. — Was die Hebung des deutschen Seefischfanges im Gefolge hat, ist schon erklärt und bedarf also keiner näheren Erörterung. Es ist dies zunächst:

1) die Begründung einer deutschen Flotte, bestehend in Erweiterung des Schiffbestandes und der seefertigen Mannschaft.
2) Erweiterung des Handels nach außen.
3) Vermehrung der inneren gewerblichen Thätigkeit.

Wie alle drei Punkte so ganz eigentlich für das unbedingte Einschlagen der neuen Lebenswege sprechen, ist evident. Das Folgende aber wird die bisherige Verblendung erst recht deutlich zeigen.

Werfen wir zu diesem Zweck einen Blick auf diejenigen Staaten, welche den Seefischfang mit Eifer betreiben: Holland, England, Vereinigte Staaten, Frankreich, Schweden, Norwegen und Dänemark.

Holland.

Die Seefischerei ist für Holland von je her ein bedeutender Nahrungszweig gewesen; sie ist die Wiege der Schifffahrt und des Handels. Die Heringsfischerei läßt sich auf das 12. Jahrhundert zurückführen; aber erst gegen Mitte des 14ten wurde dieselbe durch Beukel's Erfindung, des Räucherns (Bücklinge) zur wichtigsten Quelle des Reichthums für das Land; denn damals mied noch die ganze Christenheit an den Fasttagen das Fleisch. Lange Zeit trieben die Holländer fast ausschließlich den Heringfang; 1610 beschäftigte derselbe 3000 Schiffe und 50,000 Schiffer; um 1755 gingen 234 Doggers aus. 1780 war die Zahl der Schiffe schon auf 200 (à 15 Mann) zurückgekommen. 1854 betrug der gesammte Werth der eingebrachten Heringe 407,430 Thlr. Pr., ihre Menge: 60,933,800. Der Werth der ausgeführten Salz-Heringe war

156,400, der der geräucherten 97,980 Thlr. Pr.*) In dem Zuider-See ist der Aalfang zu nennen mit einem jährlichen Ergebniß von 40,000 fl.

Die Anschowis fängt man vom Mai bis Juli; man salzt sie zu Monikendam, Huizen zc. (1855 waren es 20,000 Ankerjä 4000 Stück, 360,000 fl. werth.) Den Panhering, der weder Roggen noch Milch haben soll, fängt man vom October bis März. Man hat ihn früher vielfach als Dungmittel benutzt, mißachtet ihn auch jetzt noch und überläßt ihn dem armen Volk. Die auf seinen Fang ausfahrenden Barken (Botters) haben, 1000 an Zahl, etwa 4000 Schiffer; sie brachten 1850 für 225,000 fl. Panhering nach Monikendam.

Die Kabliaufischerei an der Doggerbank und Island, welche 1771 noch 121 Schiffe beschäftigte, hatte 1853 deren nur 35. Die Ausfuhr frischer Fische wurde auf 114,100 Thaler, die von gesalzenen zu 34,000 Thaler angegeben.

Im Wallfischfange hatten einst die Holländer keine Rivalen; sie betrieben denselben hauptsächlich in den Spitzberg-Meeren und besorgten die Ausbeutung in ihrer Niederlassung Smeerenberg auf Spitzbergen. Der Wallfisch hat sich aber aus jenen Gegenden zurückgezogen. 1842 waren nur noch 1, 1853 waren 5 Schiffe dabei beschäftigt. 1855 zählte die holländische Binnenfischerei (der nächsten Küste und in den Haffs) 375 Schiffe aller Art. Werth des Produktes war 2.166,000 Thaler, 7753 Mann die Zahl der dabei beschäftigten Leute und die jährlichen Unkosten betrugen 1,936,700 Thl. — Schon 1856 sind außer den Booten der großen, schon lang bestehenden Associationen von Scheveningen und Scatwijk Partikulier-Barken auf den Seefischfang ausgegangen. — 82 Barken von 2566 Last zusammen, haben 175 Reisen gemacht und jede 10 Schiffstonnen Heringe mitgebracht. In neuester Zeit zeigen sich an den Küsten auch wieder Kabliaus und Merlans; einige 20 Barken haben im Winter 1855/56 mehr als 50,000 Merlans nach Hellvoetsluis gebracht. Austern fängt man bei Schonarrn und Texel. — In Anbetracht der Wichtigkeit des Seefischfangs und Bedeutung für die Leute, die sich mit ihm beschäftigen, hat Rotterdam ein Zufluchtshaus für kranke, alte und schwache Fischer eingerichtet.

---

*) Die Holländer unterscheiden 3 Arten von Heringen: 1) Der gekaakte d. h. ausgenommen in Tonnen verpackt; er wird im Sommer nördlich vom Schottland gefangen; seit undenklichen Zeiten ist Blaardingen der Sitz dieser Fischerkorporation. 2) Der Steur-Hering, den man an den Küsten von Yarmouth fängt, den man einsalzt und dann zu Bücklingen räuchert; mit ihm beschäftigen sich z. B. Scheveningen und Katwijk. 3) Der Pan-Hering, der als frischer Fisch Nahrungsmittel der ärmeren Klassen ist, und den die Fischerorte rings um den Zuider-See und die Inseln rings um denselben liefern. Nächst Blaardingen senden Buizen auf den Heringfang: besonders Maasluis, Zwartemal, Delfshaven, Enkhuizen, Amsterdam, Ripp, Widdelhornis, Wormerveer; die Zahl der Buizen von Blaardingen ist doppelt so groß, als alle übrigen Orte. Der Preis des vollständigen ausgerüsteten Buizen oder Doggers ist 20,000 fl. Der Johannistag ist der Tag der Ausfahrt auf den Heringfang. Die 100 ersten Fässer eingekaakter Heringe werden jetzt auf eine die Buizenflottille begleitende Dampf-Korvette gepackt, die damit sofort nach Blaardingen eilt. Ehemals war die Ankunft des ersten Herings ein Nationalfest; jetzt zeigen ihn die Kaufleute im Haag in Rotterdam und Amsterdam durch Aufpflanzen einer Fahne mit einem grünen Kranze an. Der erste Hering wird stets als Geschenk auf einem hohen Wagen wie im Triumphe dem König zugeführt, der 500 fl. dafür zahlt. Reiche Holländer haben oft einen Ducaten für den ersten Hering gegeben. In den ersten Tagen nach dem Fange kostet die Tonne (700 Stück) 572 Thaler; späterhin halten die Tonnen 8—900 Stück und kosten dasselbe. — 1850 brachten die Schiffe 2515 Last (zu 14 Tonnen) zurück. Auf dem Fang des frischen Fisches gehen die Filibote (namentlich von Scheveningen) vom 1 Februar bis Mitte August, und jedes bringt Fische im Werthe von 2000—2500 fl. zurück. Gegen Ende des Sommers beginnt der Fang des Seurherings und endet gegen den December. 1853 wurden nach Scheveningen 18,194,500 Heringe zurückgebracht.

Ueber den Heringsfang in Holland vom Jahre 1860 sagt die „Revue Maritime et Coloniale" vom Monat Februar: Die eigentliche Heringsflotte zählt 92 Fahrzeuge mit 1380 Mann, also 15 Kopf auf das Fahrzeug. Das Ergebniß dieser war bedeutend und betrug 27,230 Tonnen, jede Tonne zu 1000 Stück, während es im Jahre 1853 nur 1853 nur 23,890 Tonnen betrug.

Der Fischfang gab im Jahre 1860 1,191,179 Fcs. ob. pr. Schiff 12,749 Fcs.
	1859	1,196,793	„	„	„	„	12,338	„
	1858	1,190,868	„	„	„	„	12,527	„
	1857	1,348,320	„	„	„	„	14,935	„
	1856	1,753,664	„	„	„	„	21,382	„
	1855	1,416,160	„	„	„	„	17,808	„
	1854	1,303,800	„	„	„	„	16,112	„
	1853	1,473,400	„	„	„	„	16,006	„
	1852	1,070,600	„	„	„	„	11,448	„

Folgende Tabelle zeigt die Länder und die Menge in Betreff des Herings-Exports:

Jahr	Bestimmungsort.						Total-Summe.	
	Zollverein.	Belgien.	Rußland.	Hamburg. Hannover. Bremen.	Norwegen. Schweden. Dänemark.	Vereinigte Staaten.	Export.	Die Herings-Masse.
	Tonnen.	Tonnen.	Tonnen.	Tonnen.	Tonnen.	Tonnen.	Tonnen.	Tonnen.
1851	8537	6200	3630	1642	705	1296	22168	34356
1852	8513	2668	1755	1784	592	891	15355	20986
1853	5475	5065	3283	993	610	1630	17249	31976
1854	5707	7253	88	1204	919	1912	17303	29610
1855	7165	5623	6	1157	1106	1216	16505	29148
1856	7047	5505	2086	1645	995	2969	20492	35924
1857	3915	3382	1139	2017	1105	1341	13242	21748
1858	8656	3853	1961	676	822	1891	17140	16940
1859	4601	3134	2327	1257	697	2582	15355	23226
1860	11541	4841	3044	925	835	1751	23723	26222

Natürlich enthält diese Liste nur den als ausgeführt klarirten holländischen Hering. Die kleinen Küstenfahrzeuge und eine Menge Boote, die auch den Heringsfang betreiben, sind nicht zu der Heringsflotte, die weit in See geht, gerechnet, und fischen zu allen Zeiten für den sehr bedeutenden Landesverbrauch wohl zum doppelten Belauf der Ausfuhr.

Großbritannien.

Schottland, England und Irland.

Schottland und Isle of Man. Nach den Schottischen Fischertabellen hatte Schottland im Jahre 1857: 12,377 Boote mit 43,014 Männern und Jungen im Küsten-Fang und im Ganzen mit Einschluß der Salzung und Trocknungs-Arbeiten:

93,596 Personen mit Fischerei beschäftigt. Dabei waren 89,754,492 Quadrat-Ellen-Netzwerk und 35,199,297 Ellen-Stricke, beide zusammen zum Werthe von Pfd.-St. 702,705. verwendet worden.

Vor der Fischerprämie (1809) hatte Schottland nur 90,185 Fässer Heringe producirt und nicht ein Faß nach dem Continent ausgeführt. Die Ausfuhr fing erst 3 Jahre nach der Prämien-Annahme, also gegen das Jahr 1812, mit 4730 Faß an, und stieg allmählig und stetig ohne einen einzigen Rückfall auf 344,029 Faß bei einer Gesammt-Production von 766,703 Faß gesalzenen Hering, von welchem ungefähr ein Dritttheil „Brandeb" oder mit dem von einer dazu ernannten Commission mit einem dem Fasse aufgebrannten Stempel als erster Qualität bezeichnet worden war. Außer dieser Menge lieferte diese Fischerei noch 86,600 Faß „not cured, or crans," wahrscheinlich ungesalzene oder nur schwachgesalzene, ähnlich unseren geräucherten Bücklingen. Ferner aber noch: Stockfisch, Ling und Hake 3,315,579 Stück, wovon 104,668 Ctr. getrocknet und 4393 eingesalzen wurden.

Ein gleicher Bericht für das Jahr 1860 giebt die Zahl der von den Fischereien von England und Wales allein geschafften Salz-Heringe auf 681,193 Faß, von denen 7377,90 ausgeführt wurden. Einige Erweiterungen mit der französischen Regierung hätten stattgefunden in Folge des neuen Fischerei-Vertrags mit Frankreich, indem die französischen Fischer wiederholt innerhalb der 3 Seemeilen Fischgränze von der Englischen Küste aus eingedrungen wären. Die englische Admiralität wollte für die Zukunft für einen stärkern Küstenschutz sorgen, um die Versuchungen zu solchen Eingriffen in eine unbeschützte Grenzlinie zu vermindern.

Die Preußischen und Baltischen Häfen seien die besten Abnehmer. Frankreich scheine sich durch den neuen Handelsvertrag der Heringeinfuhr noch nicht öffnen zu wollen, aber mit Oesterreich wäre noch ein bedeutendes Geschäft zu machen, wenn es seinen Tarif herabsetzte.

Dem jährlichen Bericht der „Commissioners for the British Fisheries" an das Parlament von 1861 über die Britische See-Fischerei im Jahre 1859, (die von England und Wales für sich) entnehmen wir folgende Data: 12,802 Boote, 43,062 Mann und Jungen. Werth der Boote, Netze, Leinen und Stricke 739,096 Pfd.-Strl. Außer obiger Mannschaft gaben diese Fischereien 9267 Seeleuten und 49,022 andere Personen, im Ganzen also 101,351 Leuten Beschäftigung, und überdies noch 927 englischen Matrosen oder Fischern, welche sich an Bord fremdländischer Fischerboote, die an der englischen Küste fischten, verdungen hatten. Die Fischzeit in diesem Jahre (1859) war merkwürdig kurz und deshalb der Erlös nie so gering seit 1837. Die Ursachen dieser Fluctuationen sind noch nicht bekannt, aber man hofft, daß die Zeit nicht mehr weit entfernt ist, wenn die Wanderungen der Fische erklärt sein werden.

Folgende Bemerkung über die Wanderung der Fische dürfte daher nicht ohne Interesse sein:

„Der Fischreichthum, den man rings um die Kanalinseln (Jersey, Guernsey und Alderney) findet, hat man stets den Massen von Sandaalen zugeschrieben, die sich hart an den Inseln aufhalten. Die Aale werden nämlich, wie man glaubt, durch Meerschweine (porpoises), eine Art Delphin) in das seichte Wasser getrieben, wo sie den Fischen zur Nahrung dienen. Eine Zeit lang hatte sich eine Flotte von Haifischen in jene Gewässer eingedrängt und die Meerschweine in die Flucht gejagt, und seitdem wurden auch die von den Aalen lebenden Fischgattungen auffallend selten.

Merkwürdiger Weise sind plötzlich die „See-Advokaten" (see solicitor nannte Byron den Hai) aus einem oder dem andern Grunde abgesegelt, die Meerschweine sind zurückgekehrt, und die Fische sind wieder in Massen da."

„Es wurden 491,487 Faß eingesalzen und davon 158,792 branded und 272,979 ausgeführt. Bisher war der „Brand" gratis gegeben worden, in diesem Jahre aber eine kleine Abgabe dafür erhoben worden, deren ganzer Betrag sich auf 2644 Pfd. St. belief, wobei die Regierung gegen ihre Kosten um circa 1000 Pfd.-Sterl. zu kurz kam, weil das Jahr ungünstig war. Die Exporteurs ließen sich ihren Hering fast alle branden, da dadurch der Artikel auf dem Continent viel besser abgeht. Stockfisch und Ling wurden 118,383 Ctr. getrocknet und davon 36,000 Ctr. ausgeführt. Der Bericht geht sehr auf das Verbot, den Hering mit „Trawling-Netzen" einzufangen und hält es für zu streng.

Die Fischerbevölkerung wird als eine ganz eigenthümliche beschrieben. Das Fest in glücklichen Zeiten und das Fasten, wenn der Fisch fehle, bezeichne ihre Lebensweise. Sie sei ein so abgeschiedenes Volk wie die Juden. Ein Fischer heirathe fast nie eine Andere als eine Fischerin."

Stockfische werden im Jahre zwischen 3½—4,000,000 durchschnittlich, von 20 Pfd. jeder, gefangen, davon an 140,000 Ctr. getrocknet ausgeführt. Sprotten werden in unermeßlichen Massen gefangen und im frischen Zustande eiligst nach allen Theilen des Innern verführt und oft massenhaft zu Dünger verwandt, sehr oft zum Preise von 2 *s.* auch bis 6 *d.* herab per Scheffel.

Die sogenannten „Cinque Ports" mit Dover an ihrer Spitze, deren Warbein Lord Palmerston ist und die im Welthandel kaum mehr einen Namen haben, stellten in alten Zeiten als Fischerstädte 57 bewaffnete Schiffe und erhielten dafür ihre Gerechtsame, und letztlich noch sagte der junge, frische Nestor der Staatsmänner in einer schmeichelhaften Anrede an den Gemeinderath Dovers in Bezug auf obengenannte vormalige Verpflichtungen: „Diese Lasten sind nun auf alle Schultern gleich vertheilt, wir aber behielten die braven Fischer der Küste und diese halten sich selbst für den Dienst ihres Vaterlandes eingeschrieben und sind schlagfertig, wenn je unsre Küsten von einem Feinde angegriffen werden sollten."

Helgoland, nur 5600 Fuß im Umfange, mit 2800 Einwohnern liefert jährlich durchschnittlich für 35,000 Thaler Fische. Jetzt hat dort eine englische Gesellschaft einen Contract mit allen dortigen Fischern eingegangen, nach welchem sie diesen 5 oder 6 *s.* pro Fischhundert (140 Stück) von Fischen jeder Größe und Qualität, die sie fangen, bis herab auf den Hering, bezahlen, die Fischer aber zugleich auch gehalten sind, nicht einen Fisch nach Deutschland zu verkaufen, nur eine kleine Anzahl Hummern ist ihnen gestattet, nach Hamburg zu bringen.

Die hervorragendste Thatsache im Englischen Wallfischfang des Jahres 1860 ist die so erfolgreiche Verwendung von Schraubendampfern dazu, neben welchen die Segelschiffe garnicht mehr bestehen können. Peterhead, Hull und Dundee benutzen schon fast ausschließlich nur solche Dampfer dabei, und letzteres hatte bereits im Monat März dieses Jahres 9 derselben auf dem Fange. Ueber Dundee macht die Revue Coloniale folgende, auch für die Baltischen Hafenstädte zu beherzigende Bemerkung: In Folge jener Solidarität, welche man oft zwischen Industriezweigen, die sich ganz fremd erscheinen, bestehen, ist der Thran unentbehrlich in der Spinnerei des „Jut", welche eine Specialität Dundees, wo diese Industrie zuerst entstanden ist, ausmacht.

Gut, dieser indische Hanf*), muß nämlich, ehe er gekämmt, wird mit Wallfischöl saturirt werden, und alle anderen Materialien wurden untauglich gefunden. Das erklärt den großen Eifer Dunbees in der Wallfischfahrt.

Das Meer von Irland wimmelt von Fischen. Kabliau, Meerhecht und Ling finden sich in Menge auf der Nymphbank in N. von Waterford und große Heringszüge kommen jährlich an. Dennoch war die irische Fischerei nie bedeutend gewesen und Schottland sandte stets den gesalzenen Fisch, bis die Regierung die Fischerei ermuthigte und überhaupt die irische Emancipation ihre heilsame Wirkungen auf das Volk ausüben konnte. 1848 zählte man schon 15,932 Fischerboote mit 70,011 Männern und Knaben.

Der wichtigste Theil der schottischen Fischerei ist der Lachsfang. 1853 gingen 67 Schiffe auf ihn aus. Der größte Theil des Ertrags geht seit 1790 nach London, wohin die Fische zwischen Eis verpackt versandt werden. Der Fang ist besonders stark in der Tweed, wo diese Fischerei jährlich eine Pacht von 126,000 Thlr. bezahlt. 1841 schon erhielt London frischen schott. Lachs im Werthe von 814,000 Thlr. und für 80,000 Thlr. gepökelten. Im Forth Tay, Dee, Don, Fenthorn, Spey, Neß, Canon ꝛc. ist der Lachsfang auch groß.

Die schottische Herings-Fischerei ist auch von stets steigender Wichtigkeit, ihr Hauptplatz ist Wick an der Ostküste, dort versammeln sich bis an 2000 Boote à 5 Mann jedes, von denen etwa 500 der Stadt Wick angehören. Zwischen 1/3 und 1/4 aller Heringe (770,698 Faß) salzt Wick ein. 1850 wurden 213,286 Fässer geräuchert und 340,256 gesalzen ausgeführt.

Von Kabliau wurden 1849 108,000 Ctr. eingesalzen.

Die Makrelenfischerei wird von Mai bis Juli an den Küsten von Kent und Sussex betrieben. Die Pilchard-Fischerei an den Küsten von Devon und Cornwall; von diesen werden circa 19,000 Fischerhundert (140 Stück) stets nach Italien verschifft.

Die englische Herings-Fischerei hat reißenden Fortgang. 1853 war ihr Ertrag 778,039 Faß, 1851 nur 239,330 Faß. Yarmouth allein hält hierzu 100 Smacks zu 40—50 Tons. Nachdem ist die Kabliau-Fischerei die wichtigste und findet an vielen Küsten-Orten statt. Auf der Doggerbank bei den Orkney- und Schottlandinseln wird der beste Kabliau gefangen, aber der wichtigste Fang war bisher in Neufundland. 1851 hatten englische Schiffe, deren Anzahl nicht angegeben werden kann, mit etwa 7000 Booten von Neufundland gebracht:

1,017,252 Ctr. Stockfisch.
10,935,932 Quart Seehunds- und Fisch-Oel und Thran.
15,726 Faß Heringe.
375,361 Seehundsfelle ꝛc.

Etwa 4/5 der getrockneten Fische gehen nach Spanien, Portugal, Italien ꝛc., die übrigen nach Westindien. — Der Gesammtwerth der aus den engl. Colonien in

---

*) Der große Verbrauch dieses Faserstoffs als Ersatz für russischen Hanf, so wie die ungeheure Zunahme des Verbrauchs von Afrikanischem Palmöl statt russischem Hanf, entstand in Folge des Krim-Krieges, wie dies ein sehr gebiegener Artikel der „Gartenlaube" im Jahre 1854 (Heft Nr. 30) „der Russische Krieg und afrikanisches Friedensöl" unter Benutzung von Andeutungen, die wir zu demselben gaben, richtig voraussagte.

Nordamerika ausgeführten Fische war 1851 6,791,166 Thlr. Sprotten kommen in ungeheuren Zügen an die Ost- und Südostküsten und werden in großer Menge als Dung verwendet. Die Austern werden an vielen Stellen gefunden und im Themse-Aestuar an den Ufern Kents auch am Essex-Ufer gezogen; große Austernbänke giebt es an der Küste Hampshires.

Der Wallfischfang im Norden hat sehr abgenommen. 1793 beschäftigte er 2‹· Schiffe, 8152 nur 4 von 3000 Tonnen. Dagegen ist der im südlichen Eismeer i‹·, Steigen; das wird aber soeben alles wieder ganz anders durch die Ber wendung der Schraubendampfer.

An der Küste schwankt der Preis von 6 d. bis 25 d. pro Fischerhundert v‹· 140 Stück Heringe. Im Großen ist der Preis im Durchschnitt 20 Pfd.-Sterl. p‹· Last (13,600 Stück) oder 3 Heringe pro Penny.

Londons Consumtion von frischem Seefische.

Im Jahre 1860 kamen auf den Fischmarkt von London von frischen Fische 1225 Mill. frische*) Heringe, 34 Mil. Plattfische jede zu 1 Pfd., 98 Mil. Solen zu ¼ Pfd., 18 Mil. Schellfische zu ½ Pfd., 2½ Mil. Dorsche, ½ Mil. Stockfische z‹· 10 Pfd., 10 Mil. Seeaale, 24,000 Mil. Mackrelen und 7 Millionen verschiedene‹· anderer Fischarten, im Gesammtwerthe von . . . . . . Pfd.-Strl. 1,672,000. und von getrocknetem oder geräuchertem Fisch: 197 Millionen
   Heringe, 2 Millionen Stockfische . . . .   „   130,000
20 Millionen Stockfische und Dorsche . . . .   „   193,00‹·
Ferner 496 Millionen Austern, 114 Millionen Hummern, 1 Million Krabben und 800 Millionen kleinere Seemuscheln, zusammen im Werthe von . . . . Pfd.-Strl. 2,095,00‹·

Nimmt man nun an, daß ein großer Theil der Küstenstädte, besonders abe‹· Liverpool, Bristol und Southampton ebenfalls sehr viel frischen Fisch verzehren, und alle Städte des Inlands damit wohl versehen werden, das ganze Küstenland aber periodisch damit wie überschwemmt wird, und daher sehr viel Fisch verbraucht, s‹· dürfte der Gesammtwerth des in England verzehrten Fisches wenig unter 9—10 Mill lionen Pfd.-Strl. anzuschlagen sein.

Vereinigte Staaten.

Der Stockfisch wird in den Vereinigten Staaten als einer der 12 Haupt-consumtions-Artikel aufgeführt, deren Durchschnittspreis schon seit 40 Jahren, in dem U. St. Almanac angegeben worden. Für diese 40 Jahre stellt er sich auf 2,₇₂ Dollars, und zwar von 2 bis 3,₇₅ bisweilen; gewiß eine wohlfeile Speise, da 2½ Pfund frischer Fisch nur 1 Pfd. trocknen geben.

Nach Dr. Georg Hartwig's „Inseln des großen Oceans" (1861) hatten im Hafen von Otrabee (Freundschafts-Inseln) im Jahre 1856 637 amerikanische Schiffe,

---

*) London consumirt also 3 Mal soviel Hering, als der ganze Zollverein im Jahre importirt und selbst aus der See holt und frisch oder gesalzen importirt.

2 englische, 24 französische, meist Wallfischfänger, angelegt. Kein Deutsches war abei.

Der Tonnengehalt amerikanischer Schiffe war 1816, 1,378,000, 1856 4,871,000 und ist jetzt nahe an 6,000,000. Im Jahre 1855—56 wurden 1,703 Schiffe von 9,393 Tonnen gebaut, von denen ein Theil unter eine andere Flagge durch Verkauf überging. Die große Vorliebe zur See bei den Amerikanern, veranlaßt durch die zahllosen Häfen des Landes längs einer Küste von 16,000 deutsche Meilen und durch so viele schiffbare Flüsse, wird noch dadurch gesteigert, daß die Masse von Einwanderern schon durch die Hinreise mit der See vertraut wird und viele von ihnen sie lieb gewinnen oder doch als das freundliche Band mit ihrer alten Heimath betrachten. Da die Fracht der Zweck eines Schiffes ist, so haben die Nordamerikaner, deren Tonnengehalt stets vergrößert und durch den Clipperbau und die wissenschaftliche Benutzung der Wasser- und Luftströmungen die Reisen der Seeschiffe seit 10 Jahren um ein Fünftheil bis ein Viertheil vermindert. Der Durchschnittsgehalt ihrer Schiffe ist in 40 Jahren von 93 auf 275 gestiegen. Die Mannschaft derselben ist 25 Mann auf 1000 Tonnen, auf französischen Schiffen ist dieselbe 37, auf englischen 29 Mann. Welche mag sie auf deutschen sein?

Im Jahre 1859 war die Tonnenzahl der registrirten Schiffe 2,507,491.
    hiervon im Wallfischfang beschäftigt 198,593.
    „ „ Stockfischfang „ 120,577.
    „ „ Makrelenfang „ 27,069
also 346,239 oder über 1/18 im Fischfang beschäftigt.

In den amtlichen Exportlisten steht obenan:
Gesammtbetrag der Ausfuhr von Seeproducten, b. i. von getrocknetem und eingemachten Seefisch, Wallfischbein und Thran . . . . 4,462,000 Doll.
Tonnenzahl der von dem Wallfischfang im Jahre 4861 heimgekommen . . . . ? . . . . . . 43,482 „

Der Wallfischfang beschäftigte 1859 661 Schiffe mit 208,000 Tonnen und 16,370 Mann, der Werth des Fangs war 12,040,564 Doll., der Werth der Schiffe 6,625,600 Doll., die Schiffslöhne 4,013,000 Doll.

Die Heringfischerei, die vormals sehr bedeutend war, wie auch die Meer-Lachsfischerei hat beinahe gänzlich aufgehört, weil diese Fischarten jene Meere verlassen haben: man glaubt wegen Verstopfung der Flüsse und Bäche an der Küste, wo sie zu laichen pflegten. Die Turbinen-Räder haben in dieser Hinsicht besonders viel geschadet, auch die starke Dampfschifffahrt.

Da der Lachs bisweilen bis auf 1 Dollar das Pfund steigt, so hoffen schon Viele, noch einmal frischen Salm aus Columbien zu speisen, da er dort bisweilen zu 10 Sgr. der Ctr. verkauft wird. Jedenfalls erhalten die weit im Innern gelegenen Städte, wie Cincinati und Indianopolis u. s. w. letzteres z. B. 400 Miles vom Erie und von New-York entfernt, ganze Waggons täglich voll frischem See- und Süßwasserfisch, welch letzterer noch Tags vorher im Erie-See geschwommen ist. (So versicherte uns Mr. Wright, der kürzlich als amerikanischer Gesandter hier war; überhaupt zeigt sich aus diesen und bereits früher gemachten Angaben, daß man der Vertheilung des frischen Seefisches nach dem entfernten Innern wohl hundertmal mehr Aufmerksamkeit und Anstrengung widmet als in Deutschland.

Der zarteste Fisch, der Hallibut, wird nach den entferntesten Theilen des Landes, in Eis verpackt, versandt, ebenso andere Fischgattungen. Von dieser Fischart waren früher kaum 2000 nach New-York gekommen und meist schon von den Fischern wieder über Bord geworfen worden, jetzt kommen an 36,000 Stück, jedes 25 bis 200 Pfd. schwer, im Jahre nach New-York, weil sie per Eisenbahn frisch gebracht werden können, und eine Masse davon geht in Eis bis Neu-Orleans. Der Hafen Gloucester beschäftigt allein 75 Fahrzeuge mit diesem Fische. Im Makrelenfang sind Fahrzeuge vom Belaufe von 30,000 Tonnen, meist aus Maine beschäftigt; ihr Fang ist jährlich von 231,000 bis 360,000 Faß. In Massachusets sind 1000 Fahrzeuge im Werth von 6,032,000 Dollars, 188,336 Faß in amerikanischen und 140,906 in englischen Gewässern und 10,000 Mann im Makrelenfang beschäftigt. Der Werth des jährlichen Fanges ist 4,400,000 Dollars. Der Hafen Gloucester entsendet 400 Schooners von 65 bis 110 Tons oder im Durchschnitt von 90 Tonnen, im Werthe von 4000 Dollars jedes mit 10 bis 14 Mann. Derlei Fahrzeuge machen gewöhnlich drei Reisen im Jahre nach der Bay von St. Lawrence oder Neufundland. Viele Städter oder auch Leute vom Lande gehen mit um ' der gesunden Arbeit willen und leisten diese oft unentgeltlich. 250 bis 300 Faß wird als ein guter Fang angesehen.

Der Austern-Handel in Virginien, von wo die Austern nordwärts gebracht, um dort noch 6 bis 18 Monate in besondern Austernbeeten gemästet zu werden, belief sich im Jahre 1859 auf 20 Millionen Bushel (Scheffel), zum Werthe von ebenso viel Mill. Dollars. Im Austernfange sind 250 Fahrzeuge beschäftigt, die auf jedem Gang, der ihnen 10 Tage nimmt, 900 Bußel heimbringen, für welche die Baltimore Großhändler in Austern 50 Cents pro Bushel bezahlen = 2,400,000 Dollars. Einige dieser Händler schicken täglich 8—10 Tonnen Austernfleisch (canned oysters) in Blechkisten oder Holzkästchen nach allen Richtungen des Inlandes per Eisenbahn (6,000,000 Bushel Austerschalen werden für 120,000 Dollars verkauft, gemahlen und als Dünger verbraucht). Die Blechkistchen werden beim Versenden mit Eis belegt. 250 Fahrzeuge bringen die Austern nach Newhaven, wo 20 Häuser sich blos mit dem Oeffnen und Verpacken beschäftigen, um sie per Eisenbahn nach dem Innern zu versenden. Viele hundert Arbeiter sind dabei beschäftigt, jeder öffnet 3750 Austern pro Tag und verdient dabei 2 Dollars.

Auch in den Süßwasser-Seen wird viel Fischerei betrieben: in denselben giebt es 35 Fischarten. Es werden dort 35,000 Faß Fisch bereitet, die dort selbst zu 11 Doll. pro Faß verkauft werden, der Werth ist 500,000 Doll. Frischer Fisch wird von hier aus täglich in mehreren Waggons, wenn nothwendig auch mit Eisbedeckung auf 400 und mehre Meilen weit nach allen Richtungen versandt.

Der Eistransport nach dem Auslande beläuft sich auf 290,000 Tonnen und giebt einen Reingewinn von 2 Millionen Thaler. — Die amerikanischen Seestädte allein verbrauchen 900,000 Tonnen, meist durch Schiffe zugeführt, davon New-York 285,000 Tonnen. Wir führen diesen wichtigen Verkaufsartikel deshalb auch hier an, weil er den Fischhandel sehr erleichtert, indem das Eis in großem Maaßstabe als Schutzmittel bei der Versendung desselben verwandt wird. — Von dieser Art Fracht genießt die deutsche Schifffahrt nichts, um so mehr Noth thut es, daß ihr der Fischfang gesichert werde.

Frankreich.

Ein kaiserliches Decret vom 12. Mai zur Regelung der Küstenfischereien verdient die größte Beachtung und in vielen Punkten die baldigste Nachahmung seitens der preußischen Regierung. Der französische Minister der Marine und der Colonien, sein Urheber, geht von dem Standpunkte aus, daß der Küstenbevölkerung für den Industriezweig, welcher zur Aufgabe hat, der öffentlichen Nahrung so schätzbare Hilfsmittel zu bieten, jede Unterstützung, jeder Vorschub gegeben werden muß. In dem Vorschlag an den Kaiser fußte er auf den Untersuchungen einer Commission, welche alle Küstenorte besuchte und sich dort mit den Fischern in directe Beziehung gesetzt hatte, Letzteren Fragen stellte und deren Bemerkungen sorgfältigst anhörte, ihre Werkzeuge und Methoden untersuchte, um so Verbesserungen einführen zu können. Der Minister hebt die Nothwendigkeit völliger Freiheit der Fischer innerhalb gewisser Schonungsgrenzen hervor.

Diese Schonung soll eine wandelnde oder nach Gegenden jährlich abwechselnde werden und ebenso sollen gewisse jährlich festzustellende Punkte gar nicht befischt werden, damit sich dort die Brut erneuere. Auf diese Weise und mit Hilfe der auf's kräftigste zu unterstützenden künstlichen Fischzucht, welche mit der See in Verbindung stehen, würden auch bei uns der Consumtion des Volkes neue und reiche Hilfsquellen eröffnet werden.

Die große Küstenausdehnung Frankreichs veranlaßt einen bedeutenden Fischfang. Derselbe liefert Steinbutten, Rochen, Zungen, Kabliau, Lachs, Merlane, Makrelen, Farben, Heringe und Sardinen. Die Letzteren sind so verbreitet, daß sie an den Küsten der Bretagne jährlich mehr als 2 Mill. Frcs. einbringen, ein einziger Zug liefert oft 40 Tonnen. Dabei sind 1400 Schaluppen, à 5 Mann beschäftigt, und am Lande betreiben 800 Frauen, arrimeuses genannt, das Einsalzen. In manchen Jahren beläuft sich die Zahl der eingesalzenen Sardinen auf 320 Millionen.

Die an den normannischen Küsten gefangenen Heringe sind ein wichtiger Handelsartikel für die kleinen Häfen von Dieppe, Fécamps und St. Valéry-en-Caud, ersterer gewinnt damit 150—200,000 Frcs., bei Boulogne beläuft sich der Gewinn auf 66,000 Frcs., der von der Makrele übersteigt oft 100,000 Frcs. Der Ertrag des französischen Küsten-Seefischfanges beläuft sich für 1860 und 61 auf 7—8 Mill. Fr., davon machen Sardinen die Hälfte aus, etwa 3—4 Mill. Fr., und beschäftigen 3000 Fischer. Der Fang von Wallfisch, Robbe, Cauchalot beschäftigt 10—12,000 Mann. 1849 zählte die Fischerflotte an großen Schiffen 154 Fahrzeuge à 30 Mann im Durchschnitt.

Aus Französischen Häfen waren ausgegangen zum Stockfischfange nach Island
1860 200 Fahrzeuge mit 3275 Mann
1861 226   „   „   3582   „
1862 231   „   „   3731   „
und sind bereits abgesegelt. Außerdem sehen wir sie auch in großer Zahl an Englands, Irlands und Schottlands Küste fischen, und dieses Jahr auch auf Rockall.

(Im Jahre 1863 wird Frankreich wenigstens 10 oder 12, England aber wohl schon 30 Schraubendampfer im Wallfischfange haben; die Nordamerikaner aber werden in dieser so wirksamen Neuerung nicht zurückbleiben, und es dürfte bei dem jährlichen Importe von 20,000 Ctr. Thran in den Zollverein wohl kein anderer

Grund zum Wegbleiben deutscher Wallfischfänger obwalten, als **Mangel alles Unternehmungsgeistes.**

Was die Wallfischflotte allein anbetrifft, so ergab dieselbe in wenigen Monaten Fahrt 206,850 Tonnen Oel und 2,464,600 Pfd. Barten. 1850 war das Ergebniß noch bedeutender. Jetzt beschäftigt Frankreich mit Wallrobben und Kachalot nur noch siebzehn Fahrzeuge, jedoch ist die andere Fischerflotte fast verdoppelt und zählt 12,000 Fischer. Auch in Nantes und anderen Häfen Frankreichs werden so eben mehrere **Schraubendampfer für den Wallfischfang ausgerüstet.**

1853 zählte man in Frankreich 943 Schiffe, die zum Kabliau nach Neufundland, St. Pierre und Miquelon, der **irischen, schottischen** und der **Nordsee** gingen. Aus Island brachten sie 359,000 Ctr. Stockfisch heim.

Der Fang in Neufundland dauert von Mai bis Oktober. In mehr als 250 Einsalzhütten füllt man über 80,000 Tonnen, wobei 1500 Frauen beschäftigt sind.

Einfuhr von **Seefischen** aus Newfoundland getrocknet und
gesalzen 30,334,879 Kilogr. Werth . . . . Frs. 14,270,571
                  Darauf erhobener Zoll   „   11,739
        aus andern Europäischen Ländern   „   (*329,980
                                    Zoll   „   69,000

Frankreich nimmt weder Holland noch sonst einem Lande einen Hering ab, Deutschland aber läßt sich nahe 250 Millionen Heringe von Holland, Dänemark, Schweden und England zuführen. Es wurden in Paris 1854 640,000 Pfd. Sprotten und Sardinen meistens in Oel eingemacht verbraucht, die zum Preise von 5 Cent. das Stück dem Arbeiter, der oft nur eine zu seinem Stück Brot nimmt, ein wohlfeiler Ersatz für Butter oder Speck sind.

Von Salzfischen verzehrt Paris kaum 3 Millionen Pfd., man liebt sie nicht in Frankreich. Der Consum aller Arten frischer Seefische hat besonders in den letzten Jahren, worüber wir keine genaue Data haben, ganz erstaunlich zugenommen. Dazu hat die Vermehrung der Dampfschiffe und Eisenbahnen beigetragen. Sonst erhielt Paris seine Zufuhren nur von 4—5 nordischen Häfen, nun kommen sie auch von der ganzen westlichen Küste bis Bordeaux und selbst von Toulon und Marseille (an 18 Häfen) und der Markt von Paris liefert nun Seefisch, der für **jede Börse** und **jeden Magen** paßt bis zum Geldwerth von 14 Frs. pr. Kopf im Jahre, vom Makrel bis zum Turbot und Lachs, dabei haben die Küstenstädte selbst **keinerlei Abbruch an ihrem Fischbedarf** erfahren. Der sichere Absatz machte, daß die Fischer den Fang mehr nachhaltig und stät betrieben.

Durch ein neues Decret wird das **Salz**, welches zum Einsalzen der von französischen Schiffen gefangenen Heringe gebraucht wird, in folgenden Quantitäten von der Abgabe befreit: für 100 Kilogr. neue Heringe 30 Kilogr. Salz, für 12,240 Bücklinge 200 Kilogr. Salz.

Nach de **Massy's** Vergleichs-Liste der Consumtion von London und Paris verzehrt ersteres mit 2½, 94, letzteres mit 1¼ Million Seelen 12 Millionen Kilogr. Fisch und Austern, oder London 1/10 Kilogr. pr. Kopf täglich, Paris 33/100, London also

---

*) Dieses ist ein Schutzoll zu **Gunsten der großartigen neuen Austerbauten an der Küste Frankreichs.**

dreimal so viel pr. Kopf, zugleich aber 20 pCt. mehr Fleisch und ebensoviel Brod und Mehl, letzteres besonders mit ihren vielen Puddings und Pasteten.

Die Fischhalle in Paris hat 196 Stände, wovon 156 feste à 1—1½ Frs. pr. Tag und 40 bewegliche à 40 Cent. pr. Tag, die zusammen eine Marktrente von 79,597 Frs. geben. Die Summe der in der Fischhalle zu Paris en gros verkauften Fische belief sich im Jahre 1859 auf.......... 9,500,000 Frs.
der Austern .... 2,186,000 „
und bei diesem Consum erhebt die Stadt auf 16.erlei der feineren ⎫
Fischarten sammt Krebsen und Hummern 60 Frs. pr. 100 Kilogr. ⎬ 975,000 Frs.
Octroy und auf alle ordinairen See- u. Frischwasser-Fische 15 Frs. ⎨ im Ganzen.
und auf Austern vom Auslande......... 5 Frs. ⎭

Total-Consumtion von Seefisch in **Paris** frisch 9,937,439 Kilogr. netto oder 12 Kilogr. 767 pr. Kopf oder im Geldwerth von 14 Frs.
pr. Kopf .... 1,022,806 „ „
Gesalzener Seefisch 1,502,000 „ „
Marinirter (Sardinen) 311,100 „ „
12,754,775 Kilogr. netto

Die Consumtion vom frischem Seefisch der Stadt Paris ist 4,189,120 Kilogr. im Jahre 1817, oder 6½ Kilogr. per Kopf der Bevölkerung pro Jahr auf 9,429,023 oder 9 Kilogr. im Jahre 1851 gestiegen, seit jener Zeit aber noch um ein Bedeutendes mehr. —

Austern.

In den letzten paar Jahren hat man sehr reiche **Austernbeete** mitten im Canale entdeckt, welche, wie die Times sagt, „außerhalb der Jurisdiction irgend einer Nation liegen" und daher von französischen und englischen Fischern ohne Unterschied benutzt werden. Zur Erhaltung solcher gemeinsamen Austern-Fischereien, besteht zwischen beiden Nationen eine Convention, welche den Austernfang von May bis July inclusive verbietet. Im Jahre XIII. der Revolution (1804) brauchte Paris 29,800 Körbe mit 17,164,800 Austern, 1817 zum Werthe von 618,505 Frcs., im Jahre 1826, von 923,026 Frs., im Jahre 1846 47,350,550, 1853 72,514,653 Austern, jetzt wenig unter 100 Millionen. Der Betrag von Fisch und Austern macht jetzt auf die Bevölkerung von Paris nahe an 2 Thlr. pr. Kopf, vor 5 Jahren war er 1 Thlr. 19½ Sgr. pr. Kopf.

Einfuhr von Hummern 54,043 Kilogr. Werth 65,596 Frs.
Frische Austern aus Belgien 1,290,000
„ England 3,823,000
5,052,000 Werth 121,800.
Zoll 12,779.
Muscheln 1,183,852 Kilogr. Werth 1,003,847 Frs.
Zoll 18,292 „

(Süß-Wasser-Krebse.) Paris allein verzehrt an eine Million Krebse, die ihm aus Deutschland, viele davon aus Berlin, zukommen. Doch auch hier hilft der Unternehmungsgeist Napoleons der Natur nach, und hat er eine große Masse von Mutterkrebsen in mehr als 300 kleinen Flüssen und Bächen aussetzen und an diesen große Pflanzungen von Erlen anlegen lassen, an deren im Wasser stehenden Wurzeln sich die Krebse besonders gerne aufhalten.

Schweden und Norwegen.

Für das öconomische Leben Schwedens haben die Fische die meiste Bedeutung. Ein großer Theil der Bevölkerung Norwegens würde ohne Fischerei nicht bestehen können. Unter den 200 Fischarten des norwegischen Meeres sind der Hering und der Kabliau die wichtigsten, nachdem die Makrele, die Heilbutte und eine Art Hai. Der Hering kommt im Winter und im Sommer an die Küste. Im Winter verbreitet er sich an den Küsten um zu laichen und bleibt zwei Monate. Der Sommer- oder der Herbsthering gelangt im Juli oder August an die Küsten von Drontheim, um ein kleines krebsartiges Thier zu verfolgen, und wird dann in großer Menge gefangen. Die Sprotte oder Breitling kommt im Herbst in großen Schaaren. Der Dorsch kommt im Februar an die norwegische Küste um zu laichen, der größte Sammelplatz ist in der Gegend von Lofoden, wo man jährlich im Durchschnitt 18 Millionen fängt. Die ungeheure Masse von Fischen bis 360 und 480 Fuß Tiefe, dicht gedrängt, heißt Fischberg. Bald nach Neujahr finden sich die Fischer zwischen Balstab im Westen und St. Molde im Osten im Westfjord zur Kabliaufischerei ein, jedes Boot mit 5 Mann. Bei Henningsjär kommen gewöhnlich 900 Boote zusammen. Im Ganzen sind 3500 Boote mit 24,000 Mann mit Fischen beschäftigt. Außerdem kommen noch unzählige Jägts oder Jachten, welche Kaufleuten von Nah und Fern gehören, die Oel und Fische kaufen, als Magazine dienen und den Fischern Waare verkaufen. Bei Curolwär hat man allein schon 140 dieser Schiffe gezählt. Die Fischer theilen sich in Bootvereine, welche gemeinschaftlich fischen und den Fang nach festen Regeln theilen. Der Fang ist gewöhnlich 18 Millionen Fisch à 20 bis 40 Pfd. jeder. Ein Schiff nimmt 20,000 gesalzene Fische ein. Kein Dampfboot darf während des Fischens nahen.

In mitgebrachten Fässern werden der Roggen, der als Köder für die Sardellen in Frankreich gebraucht wird, zum Theil auch für die Leinenfischerei an Ort und Stelle gesammelt, denn man fischt theils mit Netzen, theils mit Leinen die 5000 Ellen lang und mit 1200 Angeln versehen sind. Eben so werden die Lebern gesammelt zur Bereitung des Leberthrans; der bei der Fäulniß von selbst ausfließende Thran wird für besser gehalten, als der des Kabeliau. Zwei Tonnen Leber geben eine Tonne Thran. Der Heringsfang wird in Sommer- und Winterfischerei eingetheilt. Die letzere ist die wichtigere. Der Frühlingshering ist groß. Wallfische sind die Vorläufer und Verkündiger der Heringe. Man fängt den Fisch mit Netzen; in einer Nacht oft bis an 6000 Schock oder 15 Tonnen, gewöhnlich aber 6—8 Tonnen jedes Boot. Vom Anfang Januar fischt man 3 bis 4 Wochen lang und salzt dann 5—600,000 Tonnen Heringe ein. Außer einer großen Menge die im Lande verbraucht wird, führt man 580,000 Tonnen aus, zum größten Theil nach Rußland.

Der Sommerhering wird im August bis September an der Küste von Berghen und Throndheim bis Nordland gefangen und davon an 90,000 Tonnen ausgeführt, ein großer Theil aber im Lande selbst verbraucht.

Es wird auch viel Heilbutte an der Küste gefangen, die als große Delicatesse angesehen und nicht ausgeführt wird. Hummern werden in großer Zahl nach England geschafft.

1840 bis 1845 gewann man durchschnittlich 844,065 Boyers Lachs.
           660,841   •   Klippfisch.

Gesalzenen Fisch, außer Hering und Lachs	87,486 Tnnb.
Thran	56,927 "
Rogen	22,722 "
	618,599 Boyers Heringe,
wovon 499,294 ausgeführt wurden	522,721 Stück Hummern.
	281 Last Austern.
	85,537 Bottar Seehundsthran.

Die Production des Norwegischen Fischfangs hatte 1850 einen Werth von mehr **als 8 Millionen Thaler.**

Auch in der Ostsee beschäftigt die schwedische Fischerei eine große Anzahl Familien. Von Schonen bis Quarten-See wird im Sommer eine große Menge einer **kleineren** Heringsart (Ströming) gefangen, aber selten ausgeführt.

Der Lachsfang in allen Flüssen und Seeen ist sehr bedeutend.

Ueber den Stockfischfang auf den Lofoben-Inseln während des Winters 1861, sagt die „Revue maritime et coloniale": Er währte von Mitte Januar bis Anfang April und wurde wie gewöhnlich von den Küstenbewohnern, etwa 22,492 Fischern, von Drontheim an bis an die äußersten Marken Finnlands gegen Norden betrieben. Außerdem waren noch dabei 5079 Leute mit der Verpackung, Salzung 2c. des Fisches beschäftigt, so daß sich also in Summa 27,579 Menschen mit 5949 Barken, jede Barke zu 5 Mann gerechnet, auf hoher See befanden. Die Schiffe mit der Tiefleine hatten 2 bis 3 Mann, welche fischten und ruderten. Die mit der gewöhnlichen Leine hatten 3 Fischer und 1 Mann zum Rudern; die Netzfischer-Fahrzeuge 4 Fischer und 2 Leute zum Rudern und Steuern. Man zählt gewöhnlich auf einen Mann 8 bis 12 Netze. Obschon dieses Jahr 1774 Mann weniger fischten, so wurden 9,600,000 Fische gesalzen (Klippfisch) und eine gleiche Anzahl getrocknet (Stockfisch.) 600,000 Stück sind auf dem Platze verbraucht worden. Das Total-Ergebniß des Stockfischfanges im Winter war 19,800,000 Fische freilich um 4,200,000 Stück geringer, als das des vorigen Jahres. An Oel wurden 32000 Tonnen, an Roggen 14000 Tonnen gewonnen. Der Preis des frischen Fisches betrug für das Fischerhundert (120) 25 bis 30 Frs., die Tonne Leber 30 bis 35, die Tonne Rogen 23 bis 29 Frs.

Obgleich jene 3 Monate hindurch das Meer unaufhörlich von Stürmen heimgesucht war, kamen von 29,000 Mann nur 12 um, und obwohl die Kälte im 69. Grad nördlicher Breite Krankheiten aller Art herbeiführt, so erlagen denselben doch nur 23 Personen.

Die Ueberwachungs- und Fischerei-Polizei-Gebühren stiegen dieses Jahr auf 47,800 frcs. Zum Bau von Fischerwohnungen sind 12,800 frcs. verwandt worden.

Dänemark.

Die Gesammteinfuhr an Fischen aller Art der dänischen Fischer-Flotte betrug im Jahre 1855:
13,897,890 Pfd. im Werth von 876,799 Thlr.

Nach Kopenhagen allein gingen:
13,212,916 Pfd. im Werth von 832,086 Thlr.

Nach dem Herzogthum Schleswig:
36,914 Pfd. im Werth von 20969 Thlr.

Nach dem Herzogthum Holstein nebst hanseatischen Enclaven:
606,565 Pfd. für 35,661 Thlr.
Nach dem Fürstenthum Lübeck:
20,855 Pfd. im Werth von 1198 Thlr.
Die Gesammteinfuhr an Thran im
Königreich Dänemark betrug: 15,823 Tonnen im Werth von 332,241 Thlr.
in Kopenhagen: 15,302 „ „ „ „ 321,350 Thlr.
im Herzogthum Schleswig 514 „ „ „ „ 106,163 Thlr.
im Herzogthum Holstein 1352 „ „ „ „ 27,835 Thlr.
im Fürstenthum Lübeck 51 „ „ „ „ Thlr.
Die Gesammteinfuhr an Speck, Leber
2c. zu Thran betrug nach dem Königreich
Dänemark 5236 Tonnen im Preise von 73,304 Thaler.
nach Kopenhagen 5226 „ „ „ „ 73,304 Thaler.
nach dem Herzogthum Schleswig
nach dem Herzogthum Holstein 630 „ „ „ „ 8,820 Thaler.

Im Jahre 1855 gingen an dänischen Schiffen, die auf den Wallfisch-, Robben- und anderen Fischfang in offener See gegangen waren, ein:
in Dänemark: 316 Fahrzeuge mit 2997 Ton. Frächtigkeit und 153 Ton. bestand. Last.
in Schleswig: 56 „ „ 1180 „ „ „ 37 „ „ „
in Holstein: 83 „ „ 1154 ½ „ „ „ 390 ¼ „ „ „
Ausfuhren in demselben Jahre von Dänemark selbst:
374 Fahrzeuge mit 3680 Ton. Frächtigkeit und 444 Ton. bestand. Last.
von Schleswig: 57 „ „ 1339 ¼ „ „ „ 267 „ „ „
von Holstein: 76 „ „ 1182 ½ „ „ „ 100 „ „ „

Wie viel Dänemark seine Fischerei ermächtigt auszuführen, zeigt die uns vorliegende Ausfuhrliste.
Schleswig führte aus an Seefischen im Jahre 1854 für 8746 Thlr., im Jahre 1854 für 14080 Thlr. Holstein 50, für 1406 Thlr. Fischbarden und an Seefischen in demselben Jahr für 77,497 Thlr. — 1855, für 72,670 Thlr.

Folgender Auszug aus den Hafenlisten gebe ein Bild von dem regem Betriebe des Seefischfanges. In Copenhagen gingen ein, zurückgekehrt von Wall- Robben- und gewöhnlicher Seefischfang, im Jahre 1855 unter dänischer Flagge 272 Schiffe zu 2012 ½ Tonnen. Ausgingen von Kopenhagen 290 Schiffe zu 2350 ¾ Tonnen. Von Island kamen: 82 Schiffe zu 3714 Tonnen und 3259 bestandener Last. Von Farör 12 zu 583 mit 570 ½. Von Grönland 9 zu 978 mit 976.
Von Kopenhagen zum Wall-, Robben- und gewöhnlichen Seefischfang gingen aus
unter dänischer Flagge: 80 Schiffe 3592 Tonnen 3521 bestandene Last.
unter schleswigscher: 11 „ 535 „ 535 „ „
unter holsteinischer: 9 „ 978½ „ 978½ „ „
unter lübeckscher: 290 „ 2350¾ „ „ „ „

Nach Altona gingen aus offener See ein:
von Island 2 Sch. 77 Tonnen 77 best. Last
vom Robbe- und Wallfischfang 101 „ 690¼ „ 690¼ „
Von da aus nach Island zum gewöhnlichen Küstenfischfang
8 Sch. 135¼ Tonnen
zum Robben- und Wallfischfang 99 „ 683 „

Im Königreich Dänemark betrug im Jahre 1855 an gespaltenen und ungespaltenen Fischbarken:

        die Einfuhr   die Ausfuhr
40263 Pfd. für 40,263 Thlr.   1492 Pfd. im Werth von 1492 Thlr.
                   an Hausenblase:
      263 Pfd. = 351 Thlr.   3 Pfd. = 4 Thlr.
                an Speck zu Thran:
                                  5866 Tonnen = 82,124 Thlr.
                      an Thran:
 9068 To. u. 3828 Pfd. = 190,647 Thlr.
17,388 To. u. 73,940 Pfd. = 371,803 Thlr.
                   an Seefischen:
    7060 Tonnen 71,470 Thlr.
und 1,316,191 Pfd. 227,900 Thlr.
   35,606 Tonnen 26,031 Thlr.
und 6,861,365, Pfd. 935,747 Thlr.

60—70,000 Menschen oder $2^1/_2\%$ der Bevölkerung sind mit Fischerei beschäftigt. An der Küste Jütlands, wo der Boden schlecht ist, sind alle Bewohner Fischer; am stärksten ist die Fischerei in Stragen, wo meist Flundern gefangen werden. Der innerste Theil von Bandersfyord ist reich an Lachsen. Der Schlei ist wichtig wegen seiner Heringe und der Kielerjord wegen seiner Sardellen, geräuchert als Kieler-Sprotten bekannt. In den Belten fängt man Aale und Heringe. An den Ostküsten Seelands und Bornholms liegen viele Fischerdörfer.

Island. Die West- und Südküsten sind fischreich und dort ist die Fischerei bedeutend für die Bewohner, obwohl unter 1000 Bewohner nur 78 sich ausschließlich durch den Fischfang, dagegen 812 vom Boden ernähren. Man fängt dort große Dorschen und Banger, jeder 12 bis 40 Pfund wiegend und sehr große Hakalshaie. Februar bis Mai währt die Zeit des Fischens und dann strömt fast die ganze Bevölkerung an die Küste hin. Bei Festmanns haben an einem Tage 18 Boote 25,000 große Fische gefangen und zwar mit Angeln aus 120 Fuß Tiefe. Auch gegen 150 französische und holländische Schiffe kommen zum Fischfang nach diesen Banken; gewöhnlich fehlt es aber an Arbeitskräften und an großen Booten zur Hakalsfischerei.

Faroe. Die Fischerei hier ist nicht so wichtig, als in Island, indem man sich mehr dem Vogelfange, des Fleisches, der Eier und Federn halber, hingiebt. Man fängt viele Hunderttausende im Jahre auch in Island an 200,000 Stück. Der getrocknete Dorsch ist ein Hauptnahrungsmittel der Bewohner. Bedeutender aber ist der Fang der Heerdenwale die sehr gerne gegessen werden und von denen einer $2/3$ bis 1 Tonne Thran giebt. Sie kommen in Heerben von Hunderten, selbst zu Tausenden heran. 1843 tödtete man 300 Stück.

Flensburg allein hat an 340 Fischerboote. Der Ausschluß aller nicht zollvereindeutschen Länder von dem Absatz ihrer Seeproducte im Zollvereine, durch Fischerprämien, würde den Drang der Holsteiner wieder zum alten Vaterlande zu gehören gewiß sehr vermehren, und wohl auch den Hansestaaten und Mecklenburg ein Motiv mehr zum Eintritt in den Zollverein geben.

Der Uebersicht wegen folgen nun auch noch andere Länder, von denen man zwar nicht sagen kann, daß sie durch den Seefischfang irgend welche Bedeutung erlangt hätten, die aber immer noch nach jener Richtung thätiger als Deutschland sind.

Spanien.

Die Handels- und Fischerflotte Spaniens betrug im Jahre 1852 5205 Schiffe, in einem Tonnengehalt von 361,405 nebst 16,873 Küsten- und anderen Fahrzeugen zu 71,548 Tonnen.

Seeleute und Fischer waren: 76,914 Mann und 5548 Lootsen. Von den Küsten Galiziens, von Agamonte, Huelva, Cadix, von der Küste von Valencia und Katalonien wird lebhaft Sardinen- und Thunfischfang betrieben. In der Bai von Biscaya ist der Lachsfischfang nahmhaft. — Jetzt sind in Bezug auf Sardinja's und Thunfischfang auf Higuerita bei Agamonte, und Montegardo zu erwähnen. —

Da wie in Deutschland aber der eigene Seefischfang aus lauter Nachlässigkeit nicht genug beachtet wird, so importirt den fehlenden Bedarf an Seefischen England. Der Fischzucht in Spanien wird seit zwei Jahren große Aufmerksamkeit gegeben.

Portugal.

In Portugal ist die Fischerei ein wichtiger Erwerbszweig und die Fische bilden einen bedeutenden Handels-Artikel. An den Küsten Algarriens werden ungeheure Mengen Sardinen und Thunfische gefangen. Der Handel leidet jedoch sehr durch den Zehnten, der durch die Geistlichkeit von den Fischen erhoben wird.

Belgien.

Der Seefischfang Belgiens beschäftigte im Jahr 1850 207 Schaluppen, mit 5800 Mann. Diese brachten 46,660 Ctr. Stockfisch und 8300 Ctr. Hering. — Im Jahr 1856 betrug Belgiens Handelsflotte 148 Segel- und 13 Dampfschiffe. —

Rußland.

Die Seefischerei Rußlands ist am bedeutendsten im caspischen Meere; dort erreicht sie einen Werth von etwa 5 Millionen S. R. im Jahre. Das schwarze und Azow'sche Meer sind reich an Fischen jeder Art, als Thunfische, Lachse, Meerforellen, Anschovis, Heringe u. s. w. In Jekaterinoslav gewann man 1843 330,000 Ctr. große Fische und Caviar und 29,000,000 Heringe; im Land der Donischen Kosaken 1,691,250 Ctr. In der Ostsee fängt man Kabliau, Lachs, Butten, Lampreten; im weißen Meere 115,000 Ctr. Stockfische und Heringe, unter denen die Sterlets die geschätzesten sind. Fischdörfer sind an allen Orten angelegt wo der Fang lohnend ist.

Oesterreich

hat eine sehr ausgedehnte reiche Teich- und Flußfischerei. Die Seefischerei ist für Istrien und Dalmatien, wegen ihren beschränkten Ackerbodens, von der größten Bedeutung, namentlich der Thunfischfang und der Sarbellenfischfang, auch der von Schalthieren und Sepien. Dalmatien führt im Durchschnitt für 533,000 fl. Seefisch aus; das östreichische Zollgebiet hat jedoch eine Mehreinfuhr von 3 Millionen Gulden

Preußen.

Wie bisher Seitens Preußens und des Zollvereins der ihm, wie sich aus den Ein- und Ausfuhrlisten ergiebt, so unumgänglich nothwendige hohe See- ja selbst der Küstenfischfang vernachläfsigt worden, mögen folgende Notizen lehren.

Den Tagesblättern entnommene Notizen zur Beurtheilung des Küstenfischfangs in diesem Jahre an der Ostsee, Zeit, Fischart, Affluenz und Preise betreffend:

In Königsberg war die Einfuhr von Heringen im v. J. größer, als je zuvor, b. i. 77,300 Tonnen (mit den 4110 Tonnen pommerschen) und eben so in Danzig: 104,658, worunter 85,000 Tonnen schottische Vollheringe; in Stettin war sie sogar 161,470 Ton. einschließlich 6181 Ton. Küsten Heringe. Letzterer Hafen fühlte seiner Einfuhr einen großen Abbruch gethan, Durch die sich stets mehrende Einfuhr über Harburg; in Memel betrug sie 6700 Tonnen schottischen Herings. Die Consumtion nimmt also überall bedeutend zu. Möge nur das Interesse an dem hundertjährigen Importgeschäft nicht den Aufschwung der Fischerei einer vaterländischen Flagge aus jenem Hafen hindern. Dieses Bedenken rechtfertigt eine letztlich von einer achtbaren Corporation Königsbergs ausgegangene Mittheilung, der wir folgenden Theil entheben: „Die Gewässer unserer Gegend, Haffe, Flüsse und die anliegenden Theile der Ostsee sind an Fischen eben reich genug, den Bedarf unserer Gegend zu befriedigen.

Wenigstens ist dies bei allen zu weiterer Versendung irgend brauchbaren Fischgattungen der Fall. Zwar besteht in hiesigem Regierungsbezirk in der Gegend von Laubian eine Fischguano-Fabrik; doch verarbeitet dieselbe nur kleinere oder sonst zum Verzehren weniger geeignete Fische. Eine Betheiligung am En-gros-Fischereibetriebe in ferneren Meeren ist bisher von hieraus niemals versucht worden, und dürfte sich eine Betheiligung an derartigen Versuchen Hierorts nicht leicht erwarten lassen."

In der Prov. Preußen ist die Fischerei der Neunaugen und der Aale in der Ostsee, und der Lachsfang in der Weichsel die Hauptsache, in Colberg die Karpfenfischerei.

Aus Stalsund wurde uns im März geschrieben: „An der Küste der Insel Rügen ist der Heringsfang dieser Tage so ergiebig gewesen, daß, nachdem zehn Jachten mit je 800 Wall hier angekommen waren, der Preis von 16 Sgr. auf $2^{1}/_{2}$ per Wall (80 Stück) hinabgedrückt wurde."

Aus Danzig brachten die April-Zeitungen: „Der seit mehreren Tagen außerordentlich ergiebige Lachsfang an den Ostseeküsten hat uns mit dem Beginn dieser Woche täglich bedeutende Zufuhren prächtiger Fische gebracht, in Folge dessen der Preis bereits von 8 auf 3 Sgr. pro Pfund herabgesunken ist. Die Lachsversendungen von hier per Eisenbahn sind in diesen Tagen so bedeutend gewesen, daß die Post- nnd Eisenbahnbureaux zu Zeiten förmlich mit signirten Lachskörben verbarrikabirt waren."

Von Wolgast theilt der Schifffahrtsbericht mit: „An den Küsten Rügens wird eine solche Unmasse von Heringen gefangen, daß der Fisch fast keinen Werth hat. Hier am Orte werden bei drei bis vier Meilen Transport 100 Stück Heringe für 2 Sgr. verkauft."

Aus Wollgast war keine Art von statistischen Nachrichten in Betreff der Fischerei zu erlangen, außer der Bemerkung, daß die Seefischerei in jener Gegend, bloß von den Strandbörfern aus, von Wollgast dagegen nur in den Binnengewässern, nämlich im Peenestrom und dessen zahlreichen Buchten betrieben wird.

Aus Barth erhielten wir die Mittheilung, daß von dort aus Fischfang nur in dem Barther Binnenwasser, nicht in der Ostsee, und zwar nur von Mitgliedern der Barther Fischer-Innungen, deren zur Zeit zwölf sind, in offenen Fischerbooten betrieben wird. Der Fischfang dort erstreckt sich auf Heringe, Aale, Hechte, Barsche, Brachsen ec. und der Fang wird dort und in der Umgegend frisch und geräuchert verzehrt. Einiger Export frischer Fische findet nur nach dem benachbarten Mecklenburg statt. —

„Der Lachsfang giebt in diesem Jahre eine so ergiebige Ausbeute, wie sie seit Jahren nicht vorgekommen; daher sind denn auch die Preise für den allgemein beliebten Fisch so mäßig, daß auch weniger Bemittelte ihn genießen können. Letzten Samstag wurden schöne Exemplare zum Preise von 2¼ bis 3 Sgr. per Pfund verkauft. Das gewöhnliche Gefolge der Lachse, die Störe, füllt als Consequenz des reichen Fanges ebenfalls die Märkte."

Zur Zeit des oben erwähnten reichen Heringfangs bei Rügen wurden auf Berliner Märkten während einiger Tage frische, sehr gut gehaltene Heringe zu 1 Sgr. das Paar verkauft; es hätten wohl bei besserm Transport-Einrichtungen 4 für einen Sgr. geliefert werden können, vielleicht selbst 6, und da sie fett genug sind, um ohne Schmalz gebraten und genossen werden zu können, so hätten dann mit 1 Sgr. Kartoffeln, 1 Dreier Salz und 1½ Sgr. Brob, im ganzen also für weniger als 4 Sgr. ein nahrhaftes Mittagmahl für zwei arbeitende Personen. hergestellt werden können.

Der Lachs wurde in der ersten Hälfte des Monats Mai, als er in Danzig 2¼ Sgr. kostete zu 6 Sgr. das Pfund in Berlin gekauft, und nachdem er bereits in einem etwas zweifelhaften Zustande war, in welchem er vielleicht nur durch eine sehr raffinirte Kochkunst genießbar gemacht werden konnte, selbst zu 5 Sgr. — Der häufige Uebergang dieses aber, so wie des See- und Haffisches in letzteren Zustand, aus der Langsamkeit des Absatzes selbst bei so verminderten Preisen entspringend, (weil die betreffenden Liebhaber nicht sogleich von dem niedrigen Preisstande unterrichtet sein können,) verursacht eine Abneigung gegen den Verbrauch aller nicht lebenden Fische, welche oft gerade mit dem Fallen des Preises, dessen Ursache leicht in der Nichtfrische des Fisches gesucht wird, sich vermehrt. Wie wäre es sonst möglich, daß der vortrefflichste und zu gleicher Zeit dem besten Fleische in Nahrhaftigkeit gleichstehende Fisch wie Lachs zu 5 Sgr. nicht sogleich in großen Quantitäten vergriffen würde. Er könnte aber selbst zu 4 Sgr. gegeben werden, wenn Anstalt zur schnellen Versendung im Großen und

u beſſen augenblicklichem Abſatze, beſonders zu einem nach maſſenhaften Fange durch
Bereithaltung ausgedehnter Mittel und Mannſchaften vermittelſt hinreichender Garan-
tien für dieſe, (daß ihnen jede Quantität, wie groß auch immer, zu einem beſtimmten
emunerirenden Preiſe abgenommen wird), getroffen geweſen wäre.

Zum Vergleiche des Zuſtandes des Seefiſchfanges und Imports von Heringen
in Preußen jetzt und vor 80 Jahren laſſen wir dieſen Auszug aus Mirabeau's Werk
über die Preußiſche Monarchie folgen:

Die Heringe machen in Deutſchland ein Hauptnahrungsmittel für das Volk und
den Soldatenſtand aus. Der Verbrauch und der Handel damit iſt unermeßlich. Die
Preußiſchen Staaten empfangen folgende Mengen:

Königsberg ſchafft ins Land . . . . 32000 Tonnen.
Memel . . . . 5000 „
Elbing . . . . 1500 „
Stettin, mit 2000 aus Holland, ... 20000 „
Colberg . . . . 1150 „
Magdeburg, 4000 aus Embden, der Reſt aus Holland. . . . . 4400 „

Summa circa 72000 Tonnen à 4½ Thlr. = 324,000 Thlr.

Man iſt ſo grauſam geweſen und hat dieſe dem Volke eigene Waare einem Monopole unterworfen. Im Jahre 1769 ſchlug eine Geſellſchaft in Embden vor, die
Heringsfiſcherei zu treiben.

Sie erhielt ein Octroy vom Könige, wodurch er ihr große Vortheile und Frei-
heiten ertheilte, ohne aber das Wort Monopol auszuſprechen, wie aus der Verordnung No. 57 von 1769, erſichtlich iſt. — Da aber die Geſellſchaft ihrem Monopole
nicht Genüge leiſten konnte, ſah ſich der König genöthigt, die Einfuhr fremder Heringe vom Monat Dezember 1778 bis zum neuen Fiſchfang von 1779 freizugeben.
Dabei verſorgte Stettin Pommern, die Neu- und die Mittelmark nebſt Schleſien;
Königsberg, Memel und Elbingen aber das ganze Königreich Preußen.

Schon im Jahre 1597 hat man von Embden aus Heringsfiſcherei getrieben
wie man es aus einer Verordnung vom betreffenden Jahre erſieht: allein die Holländer übten damals eine ſolche Gewalt im Lande aus, daß ſie eine Beſatzung in Embden hielten, um dieſem Unternehmen, das ihren Alleinhandel ſtörte, ein Ende machten.

Im Jahre 1768 wollte man dieſe Fiſcherei wieder in Thätigkeit ſetzen; allein die
Kaufleute wünſchten lieber, daß man wieder eine oſtindiſche Geſellſchaft anlegte. Darauf
ließen ſich einige Handelsleute zu Leer auf jene Speculation ein. Dies machte die
Eiferſucht der Embdener rege, ſo daß ſie den Gedanken nach Oſtindien fahren ließen,
und ſich mit ihren Nachbarn zu Leer abfanden, um die Heringsfiſcherei allein zu be-
kommen. Anfänglich konnte Embden, nur 60,000 Gulden zuſammen bringen, und
das war nicht genug. Endlich brachte man durch Unterzeichnung ein Kapital von
150,000 Gulden herbei, die in Actien jede zu 200 Gulden getheilt ward. Man er-
baute 10 Fahrzeuge die Buyſen genannt werden, und ſchon im Jahre 1777 wurden
ihrer ſechſe auf die Fiſcherei geſchickt. Ein ſolches Fahrzeug mit ſeiner vollen Rüſtung
koſtet 7190 Reichsthaler. Die Embdener Buyſen können jährlich 3 Fahrten thun.
Die Geſellſchaft hat dennoch viele Mühe, mit den Holländern Markt zu halten ꝛc.

Nichts kann ſchädlicher ſein, als ein Monopol für die ärmſten Klaſſen des Volks, für
die ein Dreier, ein Pfennig ſchon ein wichtiger Gegenſtand ſind! Man muß dabei
eine ſehr ſchlimme Folge nicht vergeſſen, die dieſes Monopol mit allen Auflagen gemein hat, welche für Waaren bezahlt werden, die in Maſſe ankommen, die dazu be-

stimmt sind, in sehr kleinen Theilen verkauft zu werden. Unsere kleinste Münze ist ein Pfennig. Man kann sich leicht denken, daß der Kaufmann die Auflage nicht aus eigenen Mitteln bezahlen will, sondern, daß er sie auf die Waare schlägt und ihren Preis erhöht. Er kann sie aber nicht um einen Bruch der kleinsten Münze gegen die Käufer erhöhen, die alle Augenblicke sehr kleine Theilchen derselben bei ihm holen. Er setzt sie gleich um eine ganze solche kleine Münze höher, obschon dies schon 4, 6, ja wohl 10mal so viel ausmacht, als die Auflage an sich. Das ist, zumal in einem Lande, wo die Kaufleute eine Korporation, eine Gilde ausmachen, sehr leicht, und so verhält es sich in ganz Deutschland. Es ist also gar nicht unwahrscheinlich, daß die Auflage von 5 pCt. die zum Vortheil der Erwerbener Gesellschaft, auf die Heringe in vielen oder in allen preußischen Provinzen gesetzt ist, den Konsumenten 30—40 pCt. zu stehen kommt*).

Die einzige über den Heringsfang von Stralsund erreichbar gewesene Notiz ist von 1853 und zwar folgende:

Stralsund hat eingesalzen gepackt und gewarkt
      11,262 Tonn. à 20 Wall. 225,290 Wall.
zu Bücklingen bereitet 122,694 Wall. ⎫
frisch consumirt . . 201,761 „ ⎬ . . . . 324,445 „
   im Ganzen gefangen 549,655 „ = 32,981,100 St.
   1852 waren es nur 324,443

Stralsund hat etwa 250 Zeesenboote, die wenigstens 4½ Fuß Tiefgang haben sollten, aber nicht haben. Der Gebrauch der flachen Boote ist nur außer der Zeit vom 12. März bis Ende Mai gestattet. Gegen obigen Tiefgang wurde 1860 Einwendung gemacht, indem es an den meisten Stellen der Küste geradezu an Häfen und Landungsplätzen für so tief gehende Boote fehle und von den vorhandenen Zeesenern nur 18 Fahrwasser, Fischerei-Reviere und Häfen für dergleichen Boote haben, wodurch diesen 18 Fischern gewissermaßen ein Privilegium, besonders während obiger Zeit, zum Nachtheil aller übrigen Zeesener, Fisch gegeben seien. Ein an das Haus der Abgeordneten 1860 gemachter Antrag zu einer Besserung der Fischpolizei-Ordnung in Stettin hebt den großen Unterschied hervor, der zum Nachtheile der Stralsunder Fischer im Vergleich zu den Stettinern bestehe; ihm zu Folge scheint überhaupt keine freie Ausübung des Fischereigewerbes längs der Küste, (!) vielmehr scheinen wesentliche Beschränkungen desselben, nach Bezirken u. s. w. und überhaupt durchaus abweichende Verhältnisse stattzufinden. — In Stralsund besteht die Ansicht, daß eine Schonung des Herings nicht nothwendig sei, da es ein Zugfisch ist.

Nach der Fischpolizei-Ordnung dieser Stadt werden z. B. unter Fischbrut Aale unter 16 Zoll, Zander unter 12 Zoll Länge u. s. w. verstanden, während nach der neuen Pommerschen Fischerei-Ordnung unter Fischbrut alle Fische unter 3 Zoll Länge verstanden werden, so daß für ein und dasselbe Vergehen in Stralsund nur 10 Thaler Strafe, in Stettin aber 50 Thaler eintreten kann.

Sind wir recht berichtet, so ist der bei der fiscalischen Fischerei-Verwaltung eingegangene Erlös der einzeln verpachteten Grundstücke, Mühlen, Fischereien u. s. w., zu dem Pommerschen Haff gehörig (in 1,700 Complexen), im Jahre 1859 863,518 Thaler gewesen.

In Greifswalde sind im Jahre 1861 400,000 Wall (à 80 Stück) Heringe

---

*) Diese Bemerkung ist noch heute vollgültig anwendbar auf das Salzmonopol.

geräuchert und meist verschickt worden. Ueber die Quantitäten des eingesalzenen Fisches wird nicht Rechnung gehalten. Diese können nur auf ungefähr durch die an die respectiven Regierungsbezirke geleisteten Salzbonifikation erfahren werden. Der Herbsthering wird größtentheils in der Umgegend consumirt, weil er sich nicht in eben so großen Massen einstellt wie der Frühjahrshering und besser ist.

Kultivirung der Fischerei durch Sicherung des Einganges der Fische aus dem Meere zu den Binnengewässern, durch Pflege der Laichorte und Beobachtung der Laichzeiten, sowie durch Verbot solcher Geräthe, welche die Fischbrut vertilgen oder ihr Gedeihen einem verhältnißmäßig geringen Gewinne gegenüber erheblich beeinträchtigen, sind die wichtigsten Aufgaben zur Bereicherung des Haffs nicht nur und der Flüsse selbst, sondern auch der Küsten und der Baltischen See.

Es scheint jedoch bei der geringen Zahl der Zugänge in Flüsse an der Preußischen Ostseeküste die Ausdehnung einer Gesetzgebung über die Ausübung der Fischerei in Privatgewässern (Flüsse, Canäle und Gräben), die sich gegenwärtig nur über eine Strecke von 1/8 Meile von der Mündung solcher Gewässer in die öffentlichen Gewässer erstreckt, im Gemein-Interesse geboten zu sein. Alle fischreichen Küstenländer haben viele Buchten, Bayen, Estuarien und eine große Anzahl größerer oder kleinerer Flüsse, die sich in diese ergießen, in welchen sich gewisse Fischarten erzeugen und von da aus die Küste bereichern und regelmäßig zur Laichung nach den höchsten Punkten der letztern zurückkehren. Bei dem großen Mangel dieser Vorzüge in der Baltischen See schiene es natürlich, daß man die gesammten von der See aus zugänglichen Gewässer zur Kultivirung des Seefisches auf das Aeußerste benutzte und zu diesem Ende sogar ein wenigstens theilweises Expropriations-Verfahren in Ausführung brächte, um so den Mangel der Flüsse durch die möglichst große Benutzung derselben zur Bevölkerung der Küste zu ersetzen. Ebenso müßte man vor Allem die vorhandenen Judicate, welche dem Fiscus gegenüber besondere ausgedehntere Privat-Fischereigerechtsame zuerkennen, (als sie nach der in der Fischerei-Ordnung für die in der Provinz Pommern gelegenen Theile der Oder, für das Haff und dessen Nebenflüsse vom 2. Juli 1859 festgesetzt sind,) durch Entschädigung zu beseitigen suchen und die Rohrkämpen-Fischerei, so wie die Seegras- (Fanen-) Gewinnung gänzlich in allen Theilen des Königreichs, wo die Fischzucht dadurch beeinträchtigt wird, verbieten. Ohnehin sind die Rohrkämpen ein trefflicher Schutz gegen das Abspülen des Landes und geben einen bedeutenden Ertrag an Rohr, der gerade durch das Fischen darin sehr vermindert wird. Leider war bisher die geringe Einnahme von circa 620 bis 700 Thlr. für die Pacht, à Thlr. 1 pro Stück des Gebrauchs eines Staatennetzes, das in den Kämpen angewandt wird, bis 1860 ein Hinderniß zum Verbot gewesen.

Die Hoffnung, die Austernzucht in der Ostsee zu bewerkstelligen, muß Deutschland, nach der neuesten Arbeit des Herrn K. v. Baer, „über die geographische Verbreitung der Auster, vorzugsweise in den der Ostsee zunächst liegenden Meeren, sowie über den zum Gedeihen der Auster nothwendigen Salzgehalt des Meerwassers" aufgeben. Diese Arbeit war veranlaßt durch die Absicht der russischen Regierung, Austernbänke in dem östlichen Theile der Ostsee anzulegen. Herr v. Baer hat nämlich festgestellt, daß der Auster ein stark salziges Wasser unentbehrlich ist, (das Wasser des Atlantischen und Mittelländischen Meeres, wo sie am besten gedeiht, enthält 30 bis 41 Theile Salz) — daß die Auster unter 17 Theilen Salzgehalt nicht fortkommt, das Wasser der Ostsee jedoch kaum 5 pCt. Salz enthält.

Bei einem Importe von durchschnittlich 350,000 Faß Heringen à 1 Rthlr. Zoll wird in der That der Umstand kaum begreiflich, daß, wie die Ostsee-Zeitung angiebt, es häufig und sogar noch im Jahre 1861 vorgekommen ist, daß bei reichem Ertrage größere Quantitäten Heringe von Rügen nach dem Auslande (Schweden und dänischen Inseln) versandt worden sind. Die Ursache muß wohl in der schlechten Zubereitungsweise bestehen.

Zahl der Schiffsmannschaften in Preußen.

Seeschifffahrt.

Reg.-Bezirk.		
Königsberg	1654	
Danzig	1539	
Preußen		3193
Stettin	2472	
Cöslin	784	
Stralsund	2186	
Pommern		5442

Flußschifffahrt.

Königsberg	944		Breslau	1483	
Gumbinnen	1209		Oppeln	439	
Danzig	771		Liegnitz	715	
Marienwerder	493		Schlesien		2637
Preußen		3417	Magdeburg	1773	
Posen	433		Merseburg	1596	
Bromberg	312		Sachsen		3369
Posen		745	Münster	43	
Stadt Berlin	1077		Minden	182	
Potsdam ohne Berlin	3557		Arnsberg	58	
Frankfurt	2007		Westphalen		283
Brandenburg		6641	Cöln	284	
Stettin	1487		Düsseldorf	3005	
Stralsund	146		Coblenz	539	
Pommern		1633	Trier	558	
	Latus	12436	Rheinprovinz		4687
				Summa	23412

Fischer, welche die Fischerei gewerbsweise treiben.

Reg.-Bezirk.	Für eigene Rechnung.	Gehülfen und Lehrlinge.	Reg.-Bezirk.	Für eigene Rechnung.	Gehülfen und Lehrlinge.
Königsberg	1452	665			
Gumbinnen	181	162	Transport	2456	1124
Danzig	569	215	Posen	192	95
Marienwerder	254	92	Bromberg	172	61
Provinz Preußen	2456	1124	Provinz Posen	364	156
Latus	2456	1124	Latus	2820	1280

— 59 —

Reg.-Bezirk.	Für eigene Rechnung.	Gehülfen und Lehrlinge.	Reg.-Bezirk.	Für eigene Rechnung.	Gehülfen und Lehrlinge.
Transport	2820	1280	Transport	6437	2551
Stadt Berlin	40	29	Erfurt	2	
Potsdam ohne Berlin	722	483	Provinz Sachsen	346	212
Frankfurt	215	142	Münster	8	1
Provinz Brandenburg	977	654	Minden	16	7
			Arnsberg	5	
Stettin	1485	418	Provinz Westphalen	29	8
Cöslin	342	50			
Stralsund	589	85	Cöln	50	1
Provinz Pommern	2416	553	Düsseldorf	68	53
			Coblenz	104	10
Breslau	122	35	Trier	131	25
Oppeln	30	4	Aachen	9	1
Liegnitz	72	25	Rheinprovinz	362	90
Provinz Schlesien	224	64			
			Hohenzoller'schen Lande	18	6
Magdeburg	120	71			
Merseburg	224	141			
Latus	6437	2551	Summa	7192	2877

Zahl der Schiffsmannschaften der Provinz Preußen 3192
" " " " " Pommern 5442
Summa 8634

*) Zahl der Flußschifffahrts- und Canal-Mannschaften 23,412.

*) Diese Zahl bezieht sich auf die Leute, welche anderwärts nicht unter die Schiffsmannschaft gerechnet werden und wegen ihrer Schwerfälligkeit und Unerfahrenheit in Takelage für die Kriegsmarine untauglich sind.

Bis jetzt ermittelte Sendungen von frischem Fisch, Austern und Krebsen:

	Frische Fische.	Austern, Krebse.
in 1861 auf der Berlin-Hamburger Bahn von Hamburg nach Berlin.	381 Ctr.	2368 Ctr.
" verschiedenen Zw.-Stat.	170 "	159 "
" Mecklenburg	379 "	13 "
" Lübeck	486 "	5 "
	1416 Ctr.	2545 Ctr.

Summa 3961 Ctr.

Nähere Angaben besonders über die nicht unbeträchtlichen Sendungen nach Zwischenstationen und Punkten über Berlin hinaus waren nicht erreichbar.

Lebende, todte, frische u. geräuch. Fische, ausschl. Heringe.
nach Berlin " " " " " " 18,906 Ctr.
über Berlin hinaus " " " " " " 4,527 "
Summa 23,433 Ctr.

Hier fehlten die nach den Zwischen-Stationen gegangenen Mengen. Von der ersten Gewichtssumme wurden aufgegeben:

bei den Stationen	Bernau	9 Ctr.		Transport	18,138 Ctr.	
" " "	Riesenthal	9 "		Freienwalde	. . . 170 "	
" " "	Neustadt	1683 "		Schievelbein	. . . 19 "	
" " "	Chorin	318 "		Belgard	. . . . 1 "	
" " "	Angermde.	1013 "		Cößlin	. . . . . 226 "	
" " "	Passow	79 "		Cöslin	. . . . . 2 "	18,906
" " "	Stettin	14,813 "		Colberg	. . . . . 161 "	
" " "	Damm	8 "		von Stationen der		
" " "	Carolinenh.	203 "		Stargard-Posener Ei-		
" " "	Stargard	8 "		senbahn	189 "	
	Latus	18,138 Ctr.				

Auf der Cöln-Minbner Eisenbahn haben bis jetzt Fische keine besondere Rubrik, und finden sich mit Fleischwaaren zusammengeworfen. Der Gesammt-Transport der beiden belief sich 1860 auf 125,063 Ctr. und dürfte von dieser Quantität, wohlbegründeten Berechnungen gemäß, sicherlich der 3. bis 4. Theil auf den Seefisch zu rechnen sein, um so mehr als unter obiger Rubrik über Emmerich allein 19,700 Ctr. eingingen und Dortmund täglich viel frischen Seefisch empfängt.

Einfuhr in den Zollverein.

Jahr.	Thran mit Einschluß von Robbenspeck. Centner.	Fische, gesalzene, getrocknete, geräucherte, marinirte ꝛc. Heringe ausgenommen Centner.	Heringe. Tonnen.	Muschel- ob. Schaalthiere aus der See, als Austern ꝛc., ausgeschälte Muscheln ꝛc. Centner.	Salz (Kochsalz, Steinsalz).*) Centner
1836	152345	36580	165967	3235	194977
1837	195277	36505	237919	2937	—
1838	226562	31478	170799	2764	—
1839	180413	27493	186965	3459	—
1840	278368	30288	254364	4389	—
1841	419004	33686	220944	3262	16615
1842	272839	38253	243097	4247	877303
1843	307369	49885	296387	3990	941215
1844	277102	46766	297981	3169	1197110
1845	450355	40750	281874	2783	993686
1846	261185	36700	290953	3302	1372056
1847	303489	57261	281096	4705	931238
1848	261721	40417	237869	3621	1554799
1849	259255	41208	310009	5032	723481
1850	191500	46143	261309	5680	500768
1851	202207	54818	272571	7693	685708
1852	141724	45536	266076	8074	622700
1853	144453	46293	268917	8398	924723
1854	194641	43197	336710	6935	720589
1855	194787	48329	337841	6461	1100252
1856	207773	51567	318577	7530	1144463
1857	175328	45695	296932	7856	1264743
1858	183992	72214	283049	8965	490724
1859	183131	55985	296215	7972	567652
1860	193429	68979	351937	8427	596581
1861	197373	53045	339334	8304	667077

```
à Thlr.                                                      18087460 *)
 14      6055622 . . . . . . . . . . . . . . . . . , . Thlr.  84778708
 12              1178971 . . . . . . . . . . .          „    14147662
 12½                     7085892 . . . . . .            „    88573550
 20                              143190                 „     2863800
                                                     Thlr.  190363800
```

Hiervon gehen ab als 267228 Ctr. Thran   Thlr. 3741192
nach nebenstehender Liste   38692 Ftr. Fische   „ 683224
ausgeführt im freien   82244 Ton. Heringe,   „ 1028050
Verkehr aus dem Zollverein 4418 Ctr. Muscheln   „   88360
                                              Summa 5320826   5320826
                         Verbleibt die Summe von Thlr.   185042884

---

*) Diese Einfuhr von 18,087,460 Centner Salz, oder ungefähr 500,000 Centner pro Jahr, die sich innerhalb weniger Jahre in eine Ausfuhr von einigen Millionen Centnern pr. Jahr verwandeln dürfte, um so mehr, als die Durchfuhr, die jetzt nur

Sage die Summe von **Einhundert Fünf und achtzig** Millionen Thaler, als für Seeprodukte an das Ausland verausgabt.

Die Zahl der im Zollverein in 26 Jahren consumirten ausländischen Heringe betrug über 7000 **Millionen**.

Eine große Zahl — in der That, um sie sich vom Auslande zutragen zu lassen, wo man sie sich doch selber holen könnte, und doch nur eine geringe auf die Kopfzahl der Bevölkerung, zu nur 25 Millionen gerechnet, obschon sie jetzt schon sich auf 31 Millionen beläuft, kaum zehn Heringe pr. Kopf im Jahre, oder so viel nur, als einem Arbeitsmanne gerade zwei Mahlzeiten geben würde!

Von Erheblichkeit bleibt auch die Durchfuhr dieser Seeproducte, weil sie einen Hintermarkt sichert im Fall der eigene Fang die Bedürfnisse des Zollvereins übersteigen sollte. Diese belief sich durchschnittlich in den letzten Jahren auf ungefähr 40,000 Ctr. Thran, 5000 Ctr. Fr. Fisch, 120,000 Ton. Heringe und 1600 Ctr. Schaalthiere.

Ausfuhr im freien Verkehr aus dem Zollverein.

Jahr.	Thran.	Fische, gesalzene, getrocknete, geräucherte, marinirte ꝛc.	Heringe,	Muschel- oder Schaalthiere aus der See, als: Austern ꝛc., ausgeschälte Muscheln ꝛc.
	Centner	Centner	Tonnen	Centner
1836	9874	1349	8204	151
1837	9740	1549	7450	177
1838	11576	1513	18444	208
1839	12719	1594	9740	188
1840	15286	1968	8241	24
1841	24410	1831	10001	17
1842	17584	2045	8563	23
1843	20581	2588	9273	115
1844	19192	2306	9008	132
1845	24257	1976	8632	83
1846	17658	2708	6616	149
1847	28618	2001	6162	44
1848	15974	1899	5044	76
1849	9189	1682	7984	54
1850	2436	1583	7983	132
1851	2270	673	4488	76
1852	2722	872	2702	28
1853	1935	766	2689	82
1854	2317	968	2156	120
1855	2644	872	4486	31
1856	2692	776	5639	1275
1857	4121	2216	5617	875
1858	2780	911	4544	102
1859	2830	1090	9252	115
1860	1823	866	9326	161
1861	267228	38602	82244	4418

in Westpreußen erlaubt, und erst vom März dieses Jahres an ganz frei ist, durchschnittlich 540,000 Centner pro Jahr betrug; Schweden, Dänemark, Schottland und England aber fortan das von S. Ubes Staßfurter Salz nehmen werden. —

Ein großer Antrieb zum Heringsfange überhaupt und zu der angestrengtesten Concurrenz unter den Heringsfischern besteht, wie schon in den vorhergehenden statistischen Bemerkungen zum Seefischfange Hollands gezeigt worden ist, in dem Umstand, daß man dort dieser Beschäftigung eine große nationale Wichtigkeit, ja Würde beilegt, so zwar, daß die Rückkehr der Heringsflotte nach ihren besonderen Häfen stets ein wahres Volksfest ist, in welchem die glücklichen Fänger als die Helden des Tages erscheinen. Es werden den zuerst einlaufenden Fischern wahrhafte Ovationen Seitens des ganzen Volkes gebracht, und was mehr ist, die ersten Heringsladungen mit wahrhaft enormen Preisen, oft zum 5- und selbst 10fachen des gewöhnlichen Werthes bezahlt, häufig ein einziger Hering mit einem Ducaten. — (Und das geschieht in Holland nicht etwa aus Leckerei, wie etwa ein Junker für ein Austernfrühstück, bei welchem die Austern das geringste, das Spiel oft die Hauptursache sind, seinen Frd'or ausgiebt, sondern aus nationalem Gefühl und um einen so wichtigen Erwerbzweig, wie der Fischfang ist, zu ehren und zu unterstützen). Es ist dieses ein höchst wirksames Mittel zu einen so wichtigen Erwerbzweig aufzumuntern und ein wahrhaft patriotisches Opfer, das sich die reichen oder auch nur wohlhabenden Klassen Hollands seit alten Zeiten freiwillig auferlegen. Es ist einer jener nationalen Charakterzüge, wie man sie selbst bei kleinen aber compacten, einheitlichen Nationalitäten mehrfach, aber in Deutschland nie begegnet. Gut wäre es wenn diese Belohnung der Umsicht und der energischen Arbeit zugleich auch dem deutschen Seefischer zu Theil würde; sie dürfte gewiß viel dazu beitragen, die Beschäftigung auf hoher See beliebt zu machen.

Ueber die Schonung der Fische.

Die Times von 25 März 1861 sagt bei Gelegenheit der Besprechung des fast alljährlichen Parlaments-Berichts über die Lachsfischereien. Die Lachsfischerei bietet den einzigen Fall von einer Verminderung eines so guten Speisestoffs, als wir nur kennen, und zwar durch die barbarisch nachlässige Behandlung des jungen Fisches, und in der Spahn-Zeit. Die Fleischspeise hat sich verfünffacht sammt den Fleischessern. Lachsfischereien, die sonst zu 12,000 Pfd.-St. verpachtet wurden, lösen nun kaum ein paar Hundert Pfd.-St., wo doch der Preis des Fisches sich vervierfacht hat; und an vielen Orten der Küste, wo es sonst von Lachs wimmelte, und wo in die Lehrlings-Contracte (also wie in Deutschland) die Clausel eingeschaltet war, nicht mehr als dreimal die Woche Lachs zu essen, sieht man jetzt kaum einen mehr. Aber der Lachs ist ein Wanderfisch, und man verjagt ihn statt ihn zu hegen. Wie man den Hühnern Leitern zum Stall stelle, müsse man auch dem Lachs Leitern zum Ueberspringen an den Wehren machen, damit sie in den oberen Gewässern spahnen, denn wo sie gespahnt worden, dahin kehren sie auch wieder aus der See zurück um selbst zu spahnen.*) Fisch sei schon nicht mehr ein Luxus-Artikel, sondern nothwendigste Nahrung bei dem jetzigen Bevölkerungsstande. Man könne sich bereits keines Consumtions-Artikels mehr entschlagen. Keiner würde billiger geliefert, als Fisch. Das Feld, worauf er entsteht, die See, sei ein selbst gesäetes Feld. Wir haben nur zu ernbten und dabei nur zu beachten, daß wir den Saamen, die Eier, nicht mit zerstören.

Aber nichts verlangt mehr zusammenhängendes Wirken und rücksichtsvolle Behandlung, als die Fischereien, die der Flüsse, wie des Meeres.

Wohl jedem einzelnen Fluß Englands und Schottlands von den 50 beider Länder, wird mehr Sorgfalt und mehr Intelligenz, mehr Privatopfer an Geld und Zeit unter Anwendung eines die zerstreuten Kräfte vereinigenden Gemeinsinns gewidmet, als den großen Deutschen Strömen allzusammen. Unter einigen der bezüglichen Associationen, die sich für einzelne Flüsse gebildet haben, ist sogar eine Ausschreibung von einer freiwilligen Steuer behufs Einführung von Fischzucht und wünschenswerthen Durchgangsgefällen, Fischleitern, beschlossen worden. Bei einer der Zusammenkünfte zu diesem Zwecke, sagt letzlich der Herr Percy Wyndham M. P. er sei durch seine Beobachtungen zu dem Erfahrungsgrundsatz gekommen, „Fische und besonders der Lachs seien die besten lebenden Wesen, mit denen man einen Handelsvertrag abschließen könnte, denn sie verlangten gar nichts und gäben sich doch selbst her, wenn man sie nur gewähren ließe." „Säen und Ernbten", meint im Anschluß an die vorige Aeußerung die Times, „Arbeiten und Essen" gehen in unserer Welt so nothwendig miteinander, daß eine Ausnahme davon sich fast wie ein Wunder liest. Und doch giebt es eine Ausnahme. Ein Product, aber eben nur eines, wächst von selbst, erzieht sich selbst, wird ganz allein reif, ohne Raum, Sorge und Arbeit, Saamen oder Anlagekapital, durch menschliche Fürsorge oder Geld. Das ist der Fisch. — Die Fische und an ihrer Spitze der Lachs, kommen in Schaaren an unsere Flüsse heran, um zu laichen. Dieser Laich belebt sich bald, und schwärmt in Myriaden kleiner Fische in den Flüssen. Gegen Ende des Frühjahrs ziehen diese schon in's Meer. Dort ist ihr natürlicher Fütterungsboden; sie nehmen so reißend schnell zu, daß sie im Durchschnitte von 2 bis 4 Pfund pro Jahr an Gewicht gewinnen. Der kleine, kaum 2 Zoll lange Fisch, der den Fluß im Mai 1861 verließ, kehrt im April als ein Lachs von beinahe 6 Pfund an Gewicht zurück, er wächst also fast wie ein Hammel, der für jedes Pfund Salz, das ihm in der Weide verabreicht wird, 6 Pfd. Fleisch im Monate anlegt. Aber das Sonderbare bei der Sache ist, daß er, nachdem er sich auf diese Weise aufgefüttert hat, darauf besteht, sich todtschlagen zu lassen. Derselbe Instinkt, der ihn nach dem Meere zieht, bringt ihn auch wieder in den Fluß, ja einige behaupten, in dieselben Nebenflüsse, wo er geboren worden, zurück. Er will nun einmal absolut von seinem Weidegrund nach seiner Kinderstube zurückkehren, und sich dort zum Schlachtopfer hergeben, ohne zu verlangen, daß man sich irgend welcher Kosten für seine Erhaltung, seine Wartung oder seinen Transport unterziehe. — Der Lachs geht

---

*) Sagte ja schon Benjamin Franklin, daß der Hering stets an dem Orte laicht, wo er selbst erzeugt worden ist, und daß das Eigeninteresse vorschreibt, ihm eine hinreichende Schonzeit zu gestatten.

schneller als eine Effer-Gan in's Fleisch und Alles gerade zu für Nichts. Alles was er verlangt, ist nur nicht in seinen Funktionen aufgehalten zu werden, wenn er ungestört laichen will, und nicht zurückgehalten zu werden, wenn er weggehen muß, um sich wieder aufzufressen und zu wachsen. Alles andere unternimmt er ganz von selbst und ein Pfund Fleisch nach dem andern legt er zu unserm Nutzen und um uns bereinst als Leckerbissen zu dienen, zu; für das alles aber will er nur ungeschoren bleiben, bis er so weit ist."

"Ein auffallendes Zeugniß für die Verkehrtheit des Menschen giebt der Umstand, daß diese die einzige Erndte, die sie nichts kostet, selbst vernichten, indem sie dieselbe im Wachsthum verhindern. Weder Geflügel, Fleisch noch Wildpret ist so theuer als Lachs. Jede Fischart ist sehr theuer bei uns, aber Lachs, der gar nichts, kaum den Transport kostet, den kein kühner Fischer*) mit Gefahr seines Lebens auf wilder See zu holen braucht, ist am kostspieligsten. Freilich wird die Lachsfischerei, wie sie jetzt betrieben wird, auch geradezu zur Wolfsgrube, zur ungeheuren Mausefalle, in die der Fisch hineingetrieben wird. Wir machen Schlagbäume quer über die Flüsse und wenn er seinem Naturdrange nach darüber hinwegspringen will und sich abgemattet hat, schlagen wir ihn todt. Wir brauchten nur unsere Erndte nicht selbst zu zerstören, so würde sie unermeßlich sein; aber eine solche, nur vernünftige Enthaltsamkeit ist uns nicht eigen. Nie gab's eine groteskunsinnigere Anwendung eines Tarifs. Der Lachs will sich kostenfrei importiren, bloß damit wir ihn ruhig consumiren können und wir gehen hin und legen diesem Geschenke der Natur eine Prohibitiv-Zoll auf!"

In England ist nun die Bildung vieler **Privat-Gesellschaften zum Schutz der Fischereien** im vollen Gange, sie bilden sich meist Districtweise und machen Ansprachen an das Publikum, besonders an die Land- und Fischerei-Eigenthümer, zur Mitwirkung in ihren Anstrengungen. Um diese in den Stand zu setzen, es mit Erfolg zu thun, gaben sie ein Summarium der Fischereigesetze und betreffende Bemerkungen über Fischzucht u. s. w. aus. Ein gutes Beispiel für Deutschland.

Nach den Berichten über den Britischen Fischfang an das Parlament, deren wohl vierzig, meist sehr voluminöse, bestehen, obwohl in Deutschland **nicht einer** über den **Deutschen Seefischfang**, erweisen sich als die Hauptagenten in der Erhaltung der Heringsbrut die Seestürme, die das Fischen unmöglich machen, und die strenge Beobachtung des Sonntags an der ganzen Küste von England. Dort nämlich fischt Niemand von Samstag Mittag bis Montag Morgens. Als überaus zerstörend wirkt auf die Brut der Seefische auch die Wegnahme des Seegrases ein. Nach Balby's Bericht über die Fischereien Irlands ist die Seefischerei **ungleich zuverlässiger** als die Flußfischerei.

---

*) Uns schwebt vor, als wäre gerade dieser Punkt, wir meinen die leichte Fangweise des Lachses und anderer Fische in den Haffs, ein Nachtheil für die Seetüchtigkeit des Preußischen Küstenvolkes, weil so der Drang noch und die Vorliebe zur hohen See unterdrückt wird.

Ueber den Gebrauch todter Fische und den barbarischen Mißbrauch mit lebendigen Fischen.

Die Gewohnheit der Berliner und der binnenländischen Bevölkerung überhaupt, den Fluß-Fisch nur lebendig auf dem Markt zu holen und meist noch lebendig nach der Küche zu bringen, glauben manche, mache sie abgeneigt zum Genusse des See- und Haffisches, der nur todt auf den Markt kommen kann. Dies kann jedoch kein nachhaltiges Hinderniß bleiben, da ja alle Küstenbewohner, auch die deutschen, den Seefisch, den sie massenhaft verbrauchen, nur im todten Zustande erhalten können, weil der Seefisch viel schneller als der Frischwasser-Fisch stirbt, sobald er aus seinem Element genommen wird. Die Sicherheit, daß er dennoch frisch ist, wird alle Vorurtheile bald überwinden, und hoffentlich wird der Gebrauch des todten und dennoch frischen Haff- und Seefisches bald auch zu der Beseitigung einer der himmelschreiendsten Grausamkeiten führen, die gewohnheitsmäßig zur Schande der deutschen Hausfrauen täglich von ihnen selbst oder doch vor ihren Augen oder mit ihrer Zulassung durch gedanken- und gefühllose Köchinnen an dem stummen Fische wahrhaft henkersmäßig vorgenommen werden. Unter diesen steht das Abschaben der Schuppen mit dem Messer, ohne den Fisch vorher abzuschlagen, obenan. So weit hat es die Magenliebe zu treiben gewußt, daß sie sich vergewissern will, das Thier kaum fünf Minuten, nachdem es noch am Leben war, wenn auch unter den grausamsten Leiden schon dem Magen zuführen zu können.

Wahrlich selbst der Geschmack der Chinesen, den faulen Fisch dem frischen vorzuziehen zeigt mehr Bildung, als diese teuflisch grausame Praxis, die jener der Ceyloner Fischweiber wenig nachsteht, welche der lebendigen Schildkröte auf dem offenen Markte das Fleisch pfundweise vom Leibe schneiden, weil auch der Buddhistische Heide, dessen Gottheit, wie bekannt, meist aus Bauch besteht, sein Schildkrötenfleisch ganz frisch verschlingen will, und da bei dem heißen Klima von Ceylon Fisch und Schildkröte, schon nach sechs Stunden in Fäulniß übergehen. Leider aber auch buddhistische Freßkunst d. h. jene dämonische Feinschmeckerei die dem Thiere, das dem Menschen zu seinem Bestehen aber nicht zum Mißbrauch gegeben ist, seine Barmherzigkeit zeigt, bis zu den bezeichneten Raffinement vorgeschritten ist. Pflichtgefühl gebietet bei dieser Gelegenheit, die Grausamkeit, mit der die Aale lebendig gehäutet und mit Salz eingerieben werden, zu brandmarken, ebenso die an einigen Orten Deutschlands, namentlich in Leipzig, die Fische lebendig durch die Kiemen auf Drath zu ziehen und so zu Markt zu bringen. Höchst tadelnswerth ist auch die gegenwärtige Einrichtung auf den Berliner Fischmärkten, wo die Fische oft in seichtem verschleimtem Wasser allmälig absterben und kaum besser daran sind, als die Krebse, die von gedankenlosen Hausfrauen und Köchinnen in kaltem Wasser an das Feuer gesetzt werden. Ueberdies bewirkt die letzterwähnte Grausamkeit aus ungesunde Nahrung.

Oertlichkeit.

Unter der Ueberschrift: „Localitäten, Ortsliebe und Wanderungen der Fische" sagt die London Review vom Monat September v. J.:

„Die Thatsache, daß die Fische in großen Schwärmen gleichsam wie Nationen beisammen bleiben, ist unwidersprechlich festgestellt. Alle Bewohner der Meerestiefen, von dem gewaltigen Wallfisch ab bis zu dem winzigen Gründling (minnow) hausen so zu sagen in Colonien zusammen. Daher kommt der Ausdruck „eine Schule von Wallfischen". Auch die jungen Lachse halten in Schwärmen zusammen. Jede Jahreshrut bildet abgesonderte Gesellschaften und jeder Fisch hat ebenso viel Oertlichkeitssinn und Anhänglichkeit an seinen Geburtsort, als der Mensch. Auch die Heringe leben in Nationen zusammen, welche ihr reifes Alter zu verschiedenen Jahreszeiten erreichen. Ganz dieselben Gesetze walten auch bei den Schaalthieren (rustaceae) vor. Die Sommerhäummer erkennen denen am Thiere die See, aus der es kommt. Eine schottische Hummer ist eben so leicht von einer norwegischen zu unterscheiden, als eine „native" Auster von einer „scuttlemouth" Auster. Das sind alles Punkte, die längst schon zu einer bessern Erkenntniß der natürlichen und öconomischen Geschichte der Fische geführt haben sollten. Unsere Unbekanntschaft damit hat uns sehr nahe dazu gebracht, unsere besten Fischereien zu ruiniren. — Wir sind Jahre lang zu Werke gegangen, als wenn der Vorrath an Fischen gar nicht zu erschöpfen wäre. Der „Deutsche Ocean" ist so lange der Fischteich für ganz Europa gewesen, daß es uns gar nicht wundern kann, wenn der Vorrath nachläßt. Es kann aber nicht zweifelhaft sein, daß man andere Quellen entdeckt wird; wenn dem so ist, so wollen wir hoffen, daß ein System, die Brutörter zu schützen, befolgt wird, welches die Dauer der Ergiebigkeit solcher Fischtaliformien bietet. So groß ist diese bei der Schildkröte, die übrigens ganz behende schwimmen kann und oft große Wanderungen macht, daß sie in Indien und an der Küste Afrika's, wo sie das sogenannte edle Schildplatt liefert, nachdem ihr dasselbe geradezu durch Feuergluth vom Rücken abgebraten worden, und sie so mit nacktem und verbrannten Rücken in die salzige See wieder eingesetzt worden ist, dort verbleibt oder doch dahin zurückkehrt, um ihre Eier zu legen, und oft schon im nächsten Jahre wieder eingefangen wird, um ihr neues Schildpatt nach wiederholter Rüstung abzugeben.*) Trotz der Anhänglichkeit aller Thiere des Meeres an ihren Geburtsort und trotz der scheinbaren Unbeweglichkeit der Austern und ihrer sprichwörtlichen Dummheit obendrein, macht sich selbst diese auf und wandert aus, wenn Wechsel in ihrem einheimischen Grunde, Mangel an Nahrung oder vulcanische Eruptionen eintreten, die ihr ihre gemüthliche, Existenz verkümmern.

Wenn sogar Seefische bereits seit 10 Jahren mit großem Erfolge in vielen Salzreichen, auf dem Litorale des Adriatischen Meeres, in den pontinischen Sümpfen im Golf von Neapel, in vielen französischen, englischen, irischen, Nordamerikanischen Flüssen und selbst in der Weser gesäet worden, so wird das gewiß auch mit großem Erfolge in den vielen Haffen und Mündungen der Ostsee geschehen können. In dieser Rücksicht wollen wir bereitwilligst die guten Beispiele und Lehren annehmen, die uns Frankreich besonders durch Monsieur de Coste im Moniteur zukommen läßt. Aber auch die Fischzucht in den Flüssen selbst bis hinauf in die Bergströme äußert ihre Rückwirkung auf die Fische der See nicht nur, weil einige von diesen ihren Laich bis in den höchstmöglichsten Stellen des Inlandes zu sichern suchen, sondern auch weil die kleineren Fluß- und Bachfische den hereinkommenden Seefischen zur Nahrung dienen, die sie herbeiziehen. Deshalb registriren wir gern Leistungen wie die folgenden:

Wie aus dem Rechenschaftsbericht des Münchener Fischerclubs hervorgeht, hat derselbe im Etatsjahr 1860/61 in die Moosach, Ampach, Würm und in den benachbarten Hachingerbach nicht weniger als 28,500 in dem Vereinsetablissement ausgebrütete Fischchen (Salblinge, Florellen und Huchen) eingesetzt.

Die künstliche Fischzucht wird in den Provinzen Rheinland und Westphalen andauernd gepflegt. Man benutzt dazu den vom Rechnungsrath Krauseneck in Coblenz angegebenen Apparat, mit welchem einer der durch Besitz und Rang hervorragendsten Gutsbesitzer Westphalens mehrere Jahre nacheinander einige tausend Fische der Florellen- und Salmengattung gezüchtet hat. Bis jetzt kam der Salm in den zum Mittelmeerreden strömenden Flüssen Frankreichs gar nicht vor. Es wurden nun 4000 Stück Salme, wozu die befruchteten Eier von der Hüninger Staatsanstalt geliefert waren, in einem Coste'schen Apparat ausgebrütet und in den Herault und seine Nebenflüsse ausgesetzt, und schon im vorigen Jahre hat man im Herault ganz ausgebildete milcherne und rogerne Salmen gefangen.

Für den Fall, daß der Fischfang auf hoher See in einem nationalen Maßstabe betrieben wird, und eine weniger locale als maritime Seefischerei-Gesetzgebung nöthig macht, verweisen wir, als die beste Basis einer solchen, auf die schwedische vom 23.

---

*) Emmerson Tennant's Beschreibung Ceylons.

May 1857 die, obwohl speciell nur auf den Stockfischfang in Norwegen berechnet, allgemeine Anwendbarkeit besitzt und ihren Eigenthümlichkeiten nach am besten den Bedürfnissen eines deutschen Seefischfangs entspricht.

Da wie anderwärts (siehe Frankreich) ersichtlich, die Stadt Paris auf Seefische ein Octroy zum Belauf von nahe an 1,000,000 Frcs. erhebt, vor der Hand Berlin aber noch keine städtische Fischsteuer, auch nicht einmal ein Octroy auf den Flußfisch hat, so läßt sich erwarten, daß der vermehrte Consum des Fisches auch nur zu bald die Augen eines mit Steuervorschriften freigebigen Magistrats auf sich lenken wird. Wir mahnen schon vor der Zeit davon ab, weil dies die enge Quelle gleich wieder verstopfen würde, und weil es nothwendig ist, daß gerade Berlin in weiser Entsagung den übrigen Städten mit gutem Beispiele vorangeht. — Ebenso könnte der frische Fisch aus allen Haffs und der aus dem Zollvereins-Fang kommende Salz- oder Trockenfisch durch die niedrigste aller Frachten begünstigt sein, und zwar von April bis Ende October an alle frische Fische mit Eilfracht zur Hälfte der tarifmäßigen Kosten gehen dürfen.

Hierbei dürfen wir den practischen und rühmlichen Gemeinsinn, der bereits vor drei Jahren den Herrn Professor Virchow bewog, den Heringsfang zum Thema einer Reihe öffentlicher Vorträge zu machen, nicht unerwähnt lassen. Noch im vergangenen Jahre fühlte sich der wackere Gelehrte zu einem Antrage in der Finanz-Commission bewogen, der eine Unterstützung der künstlichen Fischzucht von Staatswegen, mit besonderer Rücksicht auf die Mehrung der Heringsbrut, bezweckte, ein Antrag, der bei einer Kammer, die auch den volkswirthschaftlichen Fortschritt in's Auge faßt, schwerlich zum zweiten Male vergebens gemacht werden dürfte, besonders wenn sich Preußen ein Beispiel an dem nimmt, was die französische Regierung in den letzten Jahren in dieser Art gethan hat.

An Seegras (Seetang) wurden aus dem Zollverein ausgeführt im Jahre 1841 1906 Ctr., 1842 1738, 1843 1396 1844 2183, 1845 2540, 1846 3151, 1847 1782, 1848 1590, 1849 2615, 1850 2908, 1851 4867, 1852 5793, 1853 3513, 1854 2844, 1855 3632, 1856 5220, 1857 7521, 1858 3628, 1859 7756 und 1860 9735 Ctr. Also für eine armselige Ausfuhr von 9735 Ctr.; mit einem Brutto-Gewinn von 12,947—14,603 Thlr. zerstören wir uns eine Million an schwerer Aernte, deren Saamen für uns in den Tang gesät wurde, um ruhig heran zu reifen, sich selbst zu erhalten und uns ohne Mühe zu bereichern!

(Ergiebigkeit des Fischfanges.) Die canarischen Fischer beschäftigen etwa 30 Segel und 700 Matrosen mit dem Fischfang an der Afrikanischen Küste und führen den Inseln eine jährliche Ausbeute von 7 Millionen Kilogr. zu. So producirt also jeder Mann als Fischer 20,000 Pfd. Fische in dem kurzen Theile des Jahres, der für den Fischfang geeignet ist. („Vincent, Forschungsreise in der Westlichen Sahara.")

Schiffsjungen. Alle starken Jungen aus den Waisenhäusern, vom Alter ihrer Confirmation an, sollte man für den Fischfang und die Marine zu gewinnen suchen. Damit sie aus freien Stücken und mit Vorliebe in die Lehre gehen, müßte man ihnen dazu, für ihr Alter geeignete Seeabentheuer zu lesen geben, und später wenn sie erst auf See sind, getrost einen Silbergroschen pr. Tag über den gewöhnlichen Matrosenlohn zusichern, wenn sie nach vollendeter, sage 4jähriger Lehrzeit und Beschäftigung mit Fischerei oder Kauffahrtei, während der übrigen Zeit des Jahres, in die Königliche Marine als Freiwillige einträten. Es thut um so mehr Noth eine tüchtige Klasse von Seeleuten auf diese Weise heranzuziehen, als die stets zunehmende Dampfschifffahrt, auch für die Kauffahrtei, den Stock der wahrhaften Seeleute mehr und mehr vermindert.

Ueber die Bereitung des Leberthrans. In Schweden, wie aus vorausgehenden Angaben ersichtlich, glaubt man, der beste Leberthran sei der, welcher bei Fäulniß der Leber von selbst ausfließt. Auf den englischen Fischereien, wie aus dem Briefe des Dr. Dawson ergeht, findet man, daß der beste und reinste Leberthran vermittelst eines doppelten Kessels, dessen unterer Theil kochendes Wasser, der obere in dieses eingesetzte die ganz frische Leber enthält, bereitet wird. Das Vorurtheil der Schweden kam daher, daß sie früher die Leber in Kesseln, die unmittelbar auf das Feuer gesetzt waren, ausließen, wodurch sie verbrannte und das Oel nicht blos einen schlechten Geschmack, sondern auch eine dunkle Farbe erhielt. — Es ist nämlich erwiesen, daß das Oel in der Leber nur mechanisch gebunden ist und daß es durch das Zerreißen der Zellengewebe beim Kochen ebenso gut befreit wird, als durch Fäulniß.

Eine Königl. Preußische Seehandlung und national maritime Unternehmungen.

Bei einer Arbeit, welche ein Leben des deutschen Volkes auf der See und durch dieses für die staatliche Existenz neue Kraft erstrebt, dürfen wir ein Institut nicht unerwähnt lassen, dessen recht eigentliche Bestimmung war, die Sache der Nation auf der See zu vertreten. Wir wissen alle, daß die Entstehung der „Seehandlung" noch in die Zopfzeit fällt, das aber wissen viele nicht, daß das genannte Institut, im Gegensatz zu manchen anderen, die sich des rühmlichsten Fortschritts befleißigt haben, sich noch heut zu Tage in den Kinderschuhen socialer Ausbildung befindet, und was weit schlimmer ist, durch seinem Namen, dem es gar keine Bedeutung zu geben verstanden, zu einem Hauptshinderniß etwaiger Privat-Seeunternehmungen geworden ist. Zufolge des alten Grundsatzes, alle Hauptindustrie-Zweige von Staatswegen zu treiben — was bei der früheren, sehr spärlichen volkswirthschaftlichen Bildung zweckdienlich war — wurde auch die Seehandlung in's Leben gerufen, und somit einem zu bildenden Seewesen als Hauptfactor übergeordnet. Der alte Grundsatz gilt heute nicht mehr, noch aber lebt und wirkt das ihm entsprossene Institut. Man sollte nun meinen, daß es in den vielen Decennien seiner Existenz irgend etwas staatlich Gemeinnütziges geschaffen habe, vielleicht eine, wenn auch noch so zweifelhaft wirkende, gemeinwohlfördernde Flotte, oder auch nur einen monopolistisch ergiebigen

Handelszweig; dem ist aber nicht so. Köpnicker, Potsdamer und andern Speculationen, deren großer Seegen den Interessenten einleuchtender sein mag als jedem Volkswirthschafter, absorbirten alle Thätigkeit und sämmtliche Rücksichten der „Seehandlung" der Art, daß es in der That nicht mehr wunderbar ist, wenn eben bloß noch der Name eine Ahnung für die ursprüngliche Bestimmung jener Einrichtung giebt. Da aber hundert Jahre dem genannten Institute nicht hinreichten, seinen Zweck kennen zu lernen und ihm zu leben; da es, anstatt seiner herrlichen Bestimmung, den Deutschen auf hoher See und jenseits der Meere eine neue historische Bedeutung, physische und moralische Kraft und Gesundheit zu verschaffen, nur vermocht hat, mit einem Kapital in der Hauptstadt eine Tausende beschäftigende aber zugleich ruinirende Fabrikindustrie anzuhäufen — so sprechen wir den aufrichtigsten Wunsch aus, daß die Seehandlung doch jetztbei der unzweifelhaft eintretenden neuen Aera des nationalen Seelebens ihre unglücksbringenden Hände davon lassen möge.

Wir zweifeln nicht, daß ohne ihre entnervende Einwirkung die seit einem Jahrhundert bloß für Heringe, trockenen Fisch und Thran ausgegebenen 500 Millionen Thaler im Lande geblieben und sicher noch verdoppelt worden wären; und daß das gesammte Deutsche Volk sich schon einen wohlthätigen und fördernden Wirkungskreis nach Außen gebrochen hätte.

Allgemeine Bemerkungen übe die Eigenschaften der Ostsee als Fischereigrund.

In Stralsund hat die Fischerei zum Gegenstand:
1) **Küstenfische.** Diese sind nach der Meinung Einiger in Abnahme begriffen und der Schonung bedürftig. Die Fischerei wird dort durch eine bestimmte (?) Anzahl von armen Fischern (mit eigenen, ganz kleinen Booten), deren Gewerbe auf privatrechtliche Beziehungen beruht, beschäftigt. Der Hauptertöß dieser Fischerei ist aus kleinem Aal, Hecht, Barsch u. s. w.

2) **Ostseefische,** insofern dieselben sich zu gewissen Zeiten auf einige Meilen den dortigen Küsten und Buchten nähern (Hering, Dorsch, Hornhecht und Lachs). Diese Fischerei ist an den Küsten und Buchten auch wieder privatrechtlicher Natur, immer periodisch, und also auf kürzere Zeit ausführbar.

Was die Ostseefischerei selbst anlangt, so ist zunächst zu bemerken, daß die Ostsee entschieden arm ist an Nährstoffen für Fische im Verhältniß zur Nordsee oder zum mittelländischen Meere. Der Ostsee-Hering hat keine Aehnlichkeit mit dem Nordsee-Hering hinsichtlich seiner Güte als Waare. Keine Person aus den niedrigsten Ständen nimmt ihn dort gesalzen in den Mund. Der aus der Nordsee ist im Vergleich zu ihm eine Delicatesse.

Der Ostsee-Dorsch ist sehr klein und häufig mit Beulen behaftet, auch mit dem Kabliau der Nordsee, mit dem er sonst gleich ist, gar nicht zu vergleichen. Die flunderartigen Fische der Nordsee sind gegen die diesseitigen sehr klein. Von Austern hat noch keine in der Ostsee ihr Leben gefristet. Bei Dusterbroch ist der Salzgehalt der Ostsee dreimal so groß als bei Reval und doch 4 bis 5 mal geringer als in der Nordsee.

In den drei übrigen preußischen Fischmeistereien, dem Curischen, Frischen, Großen und Kleinen walten andere Zustände ob, denn diese kennen bei viel größerem Fischreichthume nur Süßwasserfische. Seefischerei im Großen auf der offenen Ostsee scheint daher vor der Hand nicht vielverfprechend zu sein, sollte aber jedenfalls nicht ganz unversucht bleiben, und jedenfalls sollte der Küstenfang zu den Perioden, wo er sich anbietet, in größeren Booten und mit mehr Mannschaft betrieben werden. Historisch haben auch alle Nationen, welche Seefischerei betrieben, dies niemals in der Ostsee gethan, sondern dafür die besten Stellen in der Nordsee, zuweilen nach langen Reisen, aufgesucht. Bei Stralsund gehen im Herbst kleine, nur den Fischern selbst gehörige Boote auf den Herbstheringsfang aus. Die offenen Boote sind für 2 Mann eingerichtet und sind von dieser Art gegen 400 Boote vorhanden. Sie gehn theilweise und bisweilen an 2 Meilen in See. Sonst sind hier ungefähr 1200 Fischer in Thätigkeit.

Im Frühjahr, wo der Hering am wohlfeilsten ist, wird er oft zu 2½ Sgr. (grün) das Wall (80 Stück) verkauft, und eine Tonne davon, gesalzen, mit 5—7 Thlr. bezahlt. Contract-Systeme zwischen Unternehmern und Fischern bestehen nicht. In früheren Jahren sind wohl einigemal größere Quantitäten Heringe ganz verkommen wegen Mangel an Salz, jedoch ist dieses schwerlich mehr der Fall, da hinlänglich Salzereien und Räuchereien vorhanden sind. Guano ist bei Stralsund noch nicht fabricirt worden.

Vor einigen Jahren ließ der Fürst Putbus eine große Yacht ausrüsten mit Salz an Bord, aber — er beschränkte sich doch nur auf den an seinen Küsten durch große Landgarne (offene Netze, auch Reußen) gefangene Heringe und die Yacht ging nicht auf hohe See. Aber auch den Küstenfang an den Küsten des Fürsten Putbus würde anders Jemand nicht befolgen können, da diese und andere Küsten Privat-Eigenthum sind! Auch der Fiscus verpachtet mehrere Küstenstrecken, wenn auch nur für ein sehr geringes Quantum, zu dessen Zahlung sich kein armer Fischer verstehen kann.

Die Ausdehnung der Fischerei hängt von der Vermehrung der Fischerdörfer ab. Hierzu ist vor allem die Benutzung aller Küstenpunkte, die hinlänglichen Fischfang haben, unumgänglich nöthig, für größere Boote, die weithinaus in See stehen können, da der Hering sich oft nur auf 5—6 Meilen der Küste nähert und dann von den flachen Böten nicht erreicht werden kann. —

Umgestaltung des Wallfischfanges. Der Wallfischfang der Dundee-Fischer in den Polarmeeren hat neuerdings durch die beiden Capitäne Gravel und Bruce eine bedeutende verbessernde Neuerung erhalten, dadurch daß man sich der Schraubendampfer bedient, welche ohne Geräusch sehr schnell im Wasser vorwärts kommen und den Vorzug einer leichteren Bewegung in den Polargegenden darbieten. Die beiden Capitäne gingen im vorigen Jahre, wie die Amerikaner es stets thun, an die Küsten von Labrador, deponirten oder verkauften ihren Thran in St. John (N.-Fb.) und versorgten sich daselbst mit Kohlen. Sie fanden seitwärts der Revolutions-Insel in der Hudson-Mündung eine große Anzahl von Wallfischen und richteten von da aus ihren Weg nach der Dänischen Niederlassung auf der Insel Disco und warteten daselbst den zweiten ergiebigen Fang ab. Von da schlugen sie den gewöhnlichen

Weg der Wallfischfänger ein längst der Ostküste, paſſirten die Inſel Oconor und Devils Thumb, benutzten das offene Meer, und paſſirten die Funby Bay auf der Weſtſeite, ein durch Seefiſchfang berühmter Ort. Von dieſem äußerſten Punkt zogen ſie, wie andere Wallfiſchfänger, an der Weſtküſte, den Wallfiſchfang fortſetzend, an den Caps Rooper und Hooper vorüber und begaben ſich bis nach Cumberland, welches ſie Mitte September verließen. Die Schiffe hatten den großen Vortheil, nicht nach Schottland zurückzukommen zu brauchen, und konnten ſomit das ganze Jahr oder doch 9 Monate, fiſchen; — denn ſo lange dauerte ihre Expediton von Dunbee aus und wieder heim, nachdem ſie ſich zweimal mit Oel gefüllt hatten. Die Kapitaliſten begreifen nach der überreichen Ausbeute dieſer Fahrt, daß der Wallfiſchfang mit Schraubendampfern und überhaupt in obiger vorgeſchriebenen Weiſe, der einzige Weg iſt, mit Vortheil den Wallfiſchfang zu betreiben, und hatten daher bereits am 10. März dieſes Jahres, 13 Schraubendampfer auf den Wallfiſch- und Robbenfang ausgeſandt, und andere ſollten unverweilt aus Peterhead Hull, Glasgow und Dunbee folgen. Als wahrſcheinlich wird angeſehen, daß bereits im Jahre 1863 kein einziges Segelſchiff mehr als Wallfiſchfänger aus engliſchen Häfen ausgehen wird. Auch die franzöſiſchen Rheder bauen Schraubendampfer für denſelben Zweck und daß daſſelbe in den Vereinigten-Staaten geſchieht, darüber kann wohl kein Zweifel ſein. Man ſollte denken, ein Gleiches müſſe doch wohl nun auch in Deutſchland geſchehen, denn bei dieſer Verwendung der Dampfkraft findet ſich der deutſche Wallfiſch- und Robbenfänger mit dem engliſchen und franzöſiſchen außer dem geringen Unterſchiede der kurzen Nordſee-Küſte völlig gleichgeſtellt. Er hat hinter ſich einen Markt, der ihm einen Abſatz von 200,000 Ctr. Thran ſichert und er braucht zu einer neuen Induſtrie wie dieſe, nur des Sporns einer Prämie. Könnte ihm dieſe verſagt werden? Wir machen hier den geneigten Leſer noch auf den Umſtand aufmerkſam, der ſich an einem andern Orte dieſer Schrift angeführt findet, daß beſonders Dunbee nämlich ſo große Anſtrengungen im Wallfiſchfange macht, weil ihm der Thran auch andere bedeutende Induſtriezweige geſichert hat. — Wird eine angemeſſene Prämie auf eine Reihe von Jahren (ſage erſt wenigſtens 10 Jahre) wie dies geſchehen ſollte, von dem Zollvereine decretirt, ſo kann es nicht den mindeſten Zweifel unterworfen ſein, daß ſich auf der Stelle auch in Deutſchland eine oder mehrere Wallfiſchfang-Compagnien bilden, die leicht ſchon im nächſten Jahre ihr halbes Dutzend und bald wohl auch ihr Dutzend Schraubendampfer in den Polarmeeren haben wird.

Dieſe Prämie, wie die Fiſchereiprämie überhaupt, könnte in Anbetracht der directen Intereſſe Preußens und Hannovers zu doppelter Höhe im Verhältniß der Bevölkerungszahl, von dieſen Ländern getragen werden. Die anderen nicht an der See liegenden Zollvereinsſtaaten, werden durch die Billigkeit und ſicher auch durch das Gefühl der nationalen Gemeinſamkeit zum Beitritte zu einer Prämienerklärung geſtimmt werden. Es wäre ein trauriger Beweis deutſcher Zerſtückelung und Zerfahrenheit, wenn Alles das nicht geſchähe, und zwar ſchnell geſchehe, denn wir leben nun einmal in einem Jahr der großen Reformen, auf dem Meere, der Reformen in Zerſtörungsmitteln, wie im Schaffen!

Im Jahre 1862, den 11. Januar gingen die beiden Fiſhing-Steamers, Polinia und Camperbomi unter denſelben Capitänen, Bruce und Gravel, von Dunbee nach der Labradorküſte ab mit 65 Mann und einen Tonnengehalt von circa 2000, einer vollständigen Ausrüstung und Kohlenbedarf, mit gezogenen Kugelbüchsen und kleinen Kanonen zur Fischjagd.

Der Wallfischfang ist der unbedingt kaufmännischste Zweig aller Schifffahrt, zugleich ist derselbe im Frieden das am besten geeignete Mittel den Muth, die Ausdauer und den Unternehmungsgeist des Seemanns in ihrem wahrsten und hellsten Lichte zu zeigen.

So sagt Fr. D. Bennett und Herr Dr. Gloger citirt diesen trefflichen Ausspruch in seinem höchst verdienstvollen Werk: Der Wallfischfang und seine Beförderung in Deutschland, als vaterländische Zeitfrage ix. volkswirthschaftlicher, seemännischer und staatlicher Beziehung."

Leider sind wir bei unserer völligen Abgeschiedenheit und dem Grundsatz, aus der Erfahrung des Lebens heraus, das zu schöpfen, was dem Leben nützen und speciel hier das Leben des deutschen Staates renoviren helfen soll, nicht in den Stand gesetzt gewesen, früher Kenntniß als jetzt unmittelbar vor dem Abschluß unserer Brochure, von dem gediegenen bereits citirten Werk zu erhalten. Ueberdieß hatten wir es auch für rein unmöglich gehalten, daß Herrn Dr. Glogers Buch vorhanden sei, wo doch noch das zollvereinliche Deutschland so gut wie gar keinen Wallfischfang hat. Selbstverständlich ist es, daß wir jetzt, wo es uns vorliegt, so viel davon mittheilen als nothwendig ist zu zeigen, wie die Wahrheit, wenn sie auch noch so wenig goutirt wird, sich ewig gleich bleibt.

Was wir in Betreff eines deutschen Seefischfanges wünschen, erwarten, hoffen und fordern, sprach vor nun 15 Jahren leider in den Wind Herr Dr. Gloger, als Theoretiker im besten Sinne des Worts, in Bezug auf den Wallfischfang aus. Damals sind wohl einige industrielle Köpfe von der großartigen Idee entzündet worden Die zwei Jahre nachher mit ihren politischen Wirren und die späteren Jahre mit all den Nachwehen, haben jedoch den Funken gelöscht und es ist eben nur der große Gedanke gedruckt hinterblieben wie so oft in Deutschland, Monitor und Rodall, die vogelschnellen und doch fast geräuschlosen Schraubendampfer mit ihrer herculischen Kraft, welche durch die Eisgebirge bis in die geheimsten Asyle der Wallfische, Eisbären uud der Seekälber bringen, die genaue Kenntniß der eigenthümlichen Wanderungen der Meerbewohner, die Erweiterung unserer geographischen und nautischen Erfahrungen haben aber jetzt der schwebenden Frage der Seeherrschaft ihrem Ziele zugeführt.

Die fischvollreiche friedliche Bank von Rodall und der betäubende Kanonendonner des Meerungethüms Monitor sind die beiden Momente, bei denen ein großer früher gedachter Gedanke unwillkührlich wieder aufleben muß und in diesem Sinne knüpfen wir an unsre rein practische Arbeit einige Stellen aus dem Buche des Herrn Dr. Gloger. Der Mund der langen stummen Sibylle öffnet sich noch einmal obschon unter gänzlich veränderten Umständen mit gleich geltender Beredsamkeit.

Dr. Gloger sagt in der Vorrede zu seiner nicht genug zu empfehlenden Arbeit „Ueber den Wallfischfang":

Bei einer genaueren Betrachtung der ganzen Angelegenheit vom Deutsch-Vaterländischen Gesichtspunkte aus, galt es zuvörderst eine klare Auseinandersetzung des mehrseitigen, unmittelbaren und mittelbaren Nutzens zu geben, welchen eine größere Betheiligung am Wallfischfange auf das Wohl Deutschlands auszuüben verspricht. Hierau mußte sich dann eine umfassende Erwägung der zweckmäßigsten Mittel anschließen, welche nach dem Vorgange des Auslandes, theils von Seiten der

Privat-Unternehmer, theils von Seiten unserer Staats-Verwaltungen, zur nachhaltigen Beförderung der Sache anzuwenden sein werden.

Eine solche Besprechung beider aber mußte um so nöthiger erscheinen, je weniger überhaupt das ganze Wesen und die umfassenden Vortheile dieses eben so anziehenden als vielfach eigenthümlichen seemännischen Gewerbszweiges bisher in den meisten Gegenden unseres Vaterlandes, namentlich in seinen nordöstlichen Theilen, allgemein gekannt sind, und je seltener daher beide auch nur einigermaßen richtig beurtheilt und nach Verdienst gewürdigt werden.

Deßhalb wird es vor Allem nur auf die Verbreitung einer richtigeren Einsicht hierüber ankommen.*)

Denn offenbar nur allein dieser geringen Bekanntschaft mit der Sache, und keinem anderen Grunde, (da eben jeder andere bloß vorübergehend hätte einwirken können), wird man hier Das zuschreiben müssen, was man nun baldigst abgestellt und zum Besseren geändert zu sehen wünschen muß: die noch allzugeringe Thätigkeit Deutschlands im Wallfischfange überhaupt; und die bisherige gänzliche Unthätigkeit in demselben gerade von Seiten derjenigen Landstriche, welche sich zu einer recht lebendigen Betheiligung an demselben vor allen in günstigen Verhältnissen befinden würden.

Dieß sind: unsere sämmtlichen Küsten der Ostsee, besonders aber die preußischen und darunter wieder vorzugsweise die nordöstlichsten.

Schon deshalb nämlich, weil hier die Kosten für Bau und sonstige Ausrüstung der Schiffe anerkannt geringer sind, als (vielleicht mit Abrechnung von Schweden und Norwegen) irgendwo sonst, — nicht bloß in Deutschland, — schon deßhalb würden hier natürlich auch die ersten Grundbedingungen zum Betriebe des Wallfischfanges so vortheilhaft sein, wie nirgends sonst. Man hätte sie nur eben längst ruhig prüfen und thätig benutzen sollen! —

Es geht hier aber mit dem Wallfischfange ebenso, wie auch sonst mit anderen Dingen im Leben. Man betreibt ihn so wenig, oder theilweise gar nicht, weil man ihn und seine Vorzüge so wenig kennt; und man lernt natürlich Beides nicht besser kennen und schätzen, weil man ihn nicht treibt. Das ist sehr einfach. Eines bedingt und hebt, oder verschlimmert auch das Andere. Und weil man eben gar nicht an ihn denkt, so übersieht man auch seine eigene vortheilhafteste Lage dazu.

In der That verdient aber keine Art sonstiger Thätigkeit zur See dem Wallfischfange in irgend einer Beziehung auch nur zur Seite gesetzt, viel weniger höher gestellt zu werden, als er.

Keine andere nützt einem Lande unmittelbar und mittelbar so bedeutend, wie er.

Denn keine bringt nach Verhältniß einen so großen reinen Zuwachs zum Volksvermögen hervor, wie er: schon weil er der einzige größere Schifffahrtszweig ist, der selbst wirkliche Werthe schafft, (producirt;) während andere nur fremde, schon fertige

---

*) Wie ein richtiges Verständniß nur zu oft mangelt, ist evident, besonders da, wo es wahres, practisch, handelndes Verständniß gilt. Bezieht sich noch obenein dies handelnde Verständniß oder, was gleichbedeutend ist, das verständnißvolle Handeln auf Fragen von hoher nationaler Bedeutung, wie z. B. auf den Seefischfang oder die Auswanderung, so gilt es zuerst, der Masse eine Anschauung von dem Gegenstand und somit von seiner Bedeutung zu geben, ohne welche sich weder Sympathie noch Anstrengung zeigt. —

von anderen Gewerben erzeugte Waaren verführen. Ferner erfordert und bildet keiner so vortreffliche Seeleute; und keiner übt dieselben zugleich so ausnehmend gut zum sofortigen Dienste auf einer Kriegsflotte vor, wie der Wallfischfang. — Daher ist denn auch vorzugsweise er es, der längst mit Recht einen Hauptstolz der Engländer, und noch weit mehr eine Hauptstärke der, hierin selbst von ihnen laut bewunderten Nordamerikaner bildet; dessen Einführung in Preußen zu seiner Zeit schon ein Lieblings-Augenmerk Friedrichs des Großen war; und in dem gegenwärtig der kleine Seestaat Bremen, für sich allein, das ganze übrige Deutschland zusammen überstrahlt.

Und doch kosten der Bau und die sonstige Ausrüstung von Schiffen gerade zu Bremen mehr, als sonstwo in Deutschland! Sie betragen dort schon wenigstens die Hälfte mehr, als zu Stettin, und fast doppelt so viel, wie zu Königsberg. In Nordamerika vollends erfordern sie gar doppelt so viel, wie in Bremen, und mehr als dreimal so viel, wie in Königsberg oder Danzig. Trotzdem gewinnen jetzt die Wallfischfahrer der Vereinigten Staaten von Nordamerika allein mindestens sechsmal so viel Thran ꝛc., wie die aller Völker Europas zusammengenommen! —

So hat in der That Dasjenige, was man sonst als naturgemäße Oeconomie bei allem Handel und Wandel im Großen betrachtet, sich beim Wallfischfange nach und nach völlig umgekehrt.

Nämlich: man betreibt ihn gerade da am meisten, wo das Gewinnen seiner Erzeugnisse ganz entschieden die meisten Kosten verursacht; und umgekehrt. Ja, die einzige Gegend Deutschlands, wo noch bis heut Niemand an Unternehmungen der Art gedacht hat, ist gerade diejenige, wo es des allerwenigsten Aufwandes dazu bedürfen würde: das gesammte ostpreußische Küstenland.

So kauft man jetzt in Deutschland fast Alles, oder wenigstens bei Weitem Meiste, was man von Erzeugnissen des Wallfischfanges theils zunächst für sich, theils (im Wege des Zwischenhandels) für seine Hinterländer weiter im Innern braucht für baares Geld Anderen ab: während man das so Gekaufte mit der Hälfte, ja zum Theile mit kaum ⅓ der Kosten, welche die Amerikaner dazu aufwenden müssen, selbst gewinnen könnte! — Man kauft es noch dazu eben „für baares Geld", nicht im Wege von Tausch. Denn wir nehmen bei Weitem das Meiste davon den Amerikanern ab: ihnen, die von allen näher wohnenden Völkern der Welt um uns das Allerwenigste wieder ablaufen.

Und doch wäre das Selbst-Erzeugen hier eben nur der nächste, unmittelbare Gewinn. Der mittelbare, zwar entferntere, aber gleichfalls sichere, würde sehr bald kaum geringer sein: obgleich er sich freilich, wie überall, weniger in nackten Zahlen darstellen läßt.

Da wird jetzt so häufig über nicht genügende Zunahme unserer Schifffahrt und Rhederei geklagt. Und doch läßt man in den meisten deutschen Küstenstrichen der Ostsee gerade dasjenige seemännische Gewerbe unbenutzt, welches nicht allein von allen den höchsten Ertrag abwirft; sondern welches man auch von da aus viel wohlfeiler betreiben könnte, als dies, (höchstens Norwegen und Schweden abgerechnet,) irgend ein Land der Erde vermag.

Man wünscht namentlich einen stärkeren überseeischen Verkehr, und mehr Fahrten in größere Ferne. Und doch nimmt man den Wallfischfang nicht wahr, der so, wie er sich jetzt gestaltet hat, gerade den allerentschiedensten Verkehr nach den weitesten Entfernungen hin bedingt.

Endlich klagt man (leider in mancher Beziehung nicht ohne Grund) über vielfache Erschwerungen unseres Handels nach fremden Welttheilen. Aber warum verlegt man sich da eben nicht um so mehr auf den Wallfischfang, den uns Niemand erschweren kann: weil er eben gar kein bloßer, eigentlicher Handel, sondern ein wirkliches Erzeugen von Handelswaaren zur See, ein besonderes, gewerbsmäßiges Produciren oder Fabriciren in der Ferne ist, welches daher nur die Vortheile des vortheilhaftesten Handels mit sich bringt, ohne den Belästigungen desselben in Bezug auf Freiheit oder Beschränkung zu unterliegen?

Es galt hier also: die wesentlichsten hierauf bezüglichen Thatsachen zu sammeln; dieselben, nach den Hauptgesichtspunkten geordnet, (soweit dieß bei ihren gegenseitigen Beziehungen thunlich war,) übersichtlich zusammenzustellen; auf Das, was im Auslande für und durch diesen Zweig des Seewesens geschieht, oder geschehen ist, hinzuweisen; und dann weitere Betrachtungen daran anzuknüpfen. So wird sich erweisen lassen: wie man die Sache, um sie rasch und sicher zu fördern, zweck- und naturgemäß zu organisiren haben wird.

Zugleich mußte es ganz besonders mit darauf ankommen; dem größeren und wohlhabenderen Publikum, namentlich auch dem außerhalb von Seeplätzen wohnenden Theile, das Bekanntwerden mit allem Dem zu erleichtern, was dasselbe am Wallfischfange in persönlich-materieller, wie in nationaler oder patriotischer Hinsicht vorzugsweise interessiren kann und soll. Dieß wird am meisten dazu beitragen können, die neuerlich erwachte lebhaftere Neigung zu thätiger Betheiligung an dergleichen Unternehmungen, namentlich durch Bildung neuer und durch Vergrößerung schon bestehender Actien-Vereine dazu, überall zu erhöhen. —

Die Vortheile des Wallfischfanges überhaupt, und beziehungsweise seine Vorzüge vor anderen Zweigen der See-Schifffahrt.

Unter die Hauptvorzüge dieses eigenthümlichen seemännischen Gewerbs-Zweiges werden überall zunächst zwei gehören: seine Selbstständigkeit, eine natürliche Folge seiner Eigenthümlichkeit; und der hohe nautische Standpunkt, welchen sein Betrieb ebenso hervorruft, als voraussetzt. Ersteres bewirkt, daß sein Betrieb keinem der übrigen Schifffahrts-Zweige Abbruch thut; das Andere dagegen macht ihn mehrfach geeignet, mittelbar auch sehr wesentlich zur Hebung dieser anderen Zweige beizutragen. Denn, wer ihn geübt hat, wird in hohem Grade zu jeder Art von sonst entsprechendem Dienste bei den übrigen Zweigen befähigt sein; aber nicht umgekehrt.

Beides liegt eben so einfach, als nothwendig in seiner ganzen Natur begründet, die ihn, dem gesammten übrigen Kauffahrteiwesen gegenüber, als fast einzig in seiner Art bastehen läßt.

Denn neben ihm kann nur etwa der wirkliche, eigentliche Fischfang zur See noch als der einzige, aber sehr viel minder großartige Zweig von See-Thätigkeit gelten, welcher mit ihm den Vorzug theilt, überhaupt productiv zu sein: indem er wirklich etwas, mercantilisch noch nicht Vorhandenes erst gewinnt, also neue Werthe schafft *). Die gesammte übrige kaufmännische Schifffahrt hingegen dient lediglich als Vermittlerin des Handelsverkehrs. Sie versteht nur die Bearbei-

---

*) Freilich nur insofern, daß er mit Mühe gewisse Producte aufsucht und sich aneignet, welche die Natur freiwillig, ohne Jemandes Zuthun, hervorbringt. Er bringt aber damit eben Dinge zur allgemeinen Benutzung, die sonst unbenutzt verloren gehen würden.

anz von Werthen und Producten: indem sie bloß eine schon producirte, von Anderen gewonnene Ladung Waaren fertig übernimmt, um sie weiter zu verführen. Letzteres könnte natürlich der Wallfischfahrer nicht bloß eben so gut, wie sie: sondern er transportirt ja auch wirklich; und zwar meist aus viel weiterer Ferne, so wie unter sehr viel schwierigeren Umständen. Er kommt aber dazu erst, nachdem er die zu transportirenden Waaren vorher auch mühsam gesucht und zubereitet, mit Einem Worte, selbst geschaffen hat.

Sehen wir uns daher, unter Hinweglassung entfernterer Vergleiche mit anderen Gewerben, nach der nächsten Aehnlichkeit um: so stehen zur See Wallfischfang und Kauffahrtei fast genau in demselben Verhältnisse zu einander, wie zu Lande etwa die Jägerei im Großen und — das gewöhnliche Fuhrwesen! Insofern nämlich: als der Jäger auch häufig des letzteren bedarf, um größere Massen seiner Waaren (erlegtes Wild, Thierhäute ꝛc.) fortzubringen und zu Markte zu führen. Der Umstand aber, daß man hierbei eben zu Lande Fuhrwerk, zur See dagegen Schiffe braucht, ist fast der einzige Punkt, welchen in beiden Fällen die beiden zuerst genannten Gewerbe oder Berufsarten mit den anderen beiden, ihnen gegenüberstehenden gemein haben. In allem Uebrigen hingegen [sind je beide nicht bloß himmelweit verschieden, sondern einander meist geradezu entgegengesetzt*). Gleichwohl scheint bei uns, in Bezug auf Wallfischfang und Kauffahrtei, jener einzelne Punkt von Uebereinstimmung beider für ziemlich Viele immer noch hinreichend, um beide Zweige für ziemlich gleichartige Theile des handelsmännischen Seewesens anzusehen. Selbst unter Denjenigen aber, welche im Irrthume hierüber minder weit gehen, bleiben wenigstens anderweitig richtige Ansichten noch sehr selten. So haben insbesondere nur äußerst Wenige eine beiläufige Ahnung davon: welch' einen viel höheren Grad nautischer, geographischer und astronomischer Kenntnisse und sonstiger seemännischer Ausbildung der Wallfischfang, im Gegensatze selbst zur ausgedehntesten gewöhnlichen Kauffahrtei, schon bei allem Personale, ganz besonders aber natürlich bei dem obersten Leiter eines Schiffes, theils vorausgesetzt, theils erwerben läßt.

Eben deshalb aber wird derselbe, zumal im Frieden, stets als beste Schule für

---

*) In gewissem Grade würde übrigens die gewöhnliche Kauffahrtei-Thätigkeit mit der eines Wallfischfahrers sich vereinigen lassen. Ja, der neue russische Verein zu Unternehmungen im Wallfischfange, welcher sich zu Abo (in Finnland) gebildet hat, beabsichtigt dies wirklich. Er will seine abgehenden Schiffe namentlich mit Ausfuhr-Gegenständen nach China ꝛc. befrachten, und sie anweisen, bei nicht voller Ladung an eigener Ausbeute, für den übrigen Raum auch Rückfrachten einzunehmen. Ein Plan, der in der That Beachtung verdient: da es jedenfalls bei der Ausfahrt nie an Raum dazu gebrechen kann.

Mindestens aber können Wallfischfahrer der Industrie ihres Landes, und noch weit mehr sich selbst, dadurch nützen, daß sie sich gehörig mit solchen Gegenständen versehen, die auf den meisten Südsee-Inseln gern als Tauschwaaren gegen frische Lebensmittel angenommen werden. Und Letzteres geschieht gewöhnlich zu enormen Preisen. Man erhält z. B. auf den Marquesas-Inseln, nach Bennett, für ein schlechtes Commis-Gewehr (zu etwa 5 Thlr. an Werth) leicht den größten und fettesten Ochsen. Daher versehen die englischen und nordamerikanischen Wallfischfahrer sich immer wohl mit Schürzen-Kattun, Halstüchern, Messern, Aexten, Glasperlen u. dergl. Wohl können auch jetzt baltische Schiffe, die nach Rodak gehen, Korn, Leinsamen, Hanf und Talg, nach England einnehmen, und sich dort erst für den Fang complettiren.

das Seewesen überhaupt dienen. Was jedoch vollends alle Schiffsmannschaft niederer Grade betrifft, so wird er, und nur er, die unbedingt geeignetste Vorschule zum Dienste auf einer Kriegs-Marine bleiben. Namentlich gilt dies von der Gewöhnung zu anstrengender und gelegentlich eben so außerordentlicher, rascher und anhaltender Thätigkeit, wie zur größten Pünktlichkeit, Ordnung, Wachsamkeit und zu schneller Entschlossenheit. Denn kaum irgendwo sonst in der Welt kann dies Alles nöthiger sein, als bei Wallfischjägern. Mit Recht hat daher ein neuer englischer Schriftsteller behauptet: daß in mancher (wenn auch nicht in jeder) Beziehung selbst der wirkliche Dienst auf einer Kriegsflotte während des Friedens immer noch minder tüchtig hierzu mache, als die Thätigkeit auf einem Wallfischfahrer. Eine Behauptung, die, weit entfernt, ein Paradoxon zu sein, ganz auf der Natur der Sache beruht*).

Somit würde eine thätigere Betheiligung an derselben von Seiten aller Küstenstriche des gesammten Deutschlands, — nicht bloß, wie gegenwärtig, seiner westlichen Landestheile, — schon aus den erstgenannten Gründen in hohem Grade wünschenswerth bleiben. Was aber vollends den zweiten Punkt, die Bildung einer deutschen National- oder Staatsflotte betrifft, so erscheint diese größere Theilnahme in der That entschieden nothwendig. Hierzu gerade wird sie unerläßlich sein: nicht bloß, weil der Wallfischfang als das einfachste, leichteste und sicherste Mittel zu einem so wünschenswerthen Zwecke erscheint; sondern weil er wirklich das einzige bleibt, um denselben überhaupt, und namentlich auf dem naturgemäßesten Wege, so wie mit den geringsten Kosten zu erreichen. Und hierauf eben wird vorzugsweise mit Gewicht zu legen sein. Gerade in dieser Beziehung scheint aber die Sache bei uns noch in vielen Kreisen nicht nach ihrer vollen Bedeutung gewürdigt zu werden.

In dieser Richtung lebendig und dauernd weiter zu wirken: dies möchte daher unserer Tagespresse als ein würdiger, ächt vaterländischer Gegenstand ihrer Thätigkeit, angelegentlichst zu empfehlen sein.

Im Ganzen stehen übrigens die verschiedenen vortheilhaften Seiten des Wallfischfanges in so enger gegenseitiger Beziehung, daß es kaum möglich sein dürfte, dieselben streng von einander zu sondern, um jede für sich zu behandeln. Auch ist dies, gewiß aus gleichem Grunde, von denjenigen auswärtigen Schriftstellern, auf deren Betrachtungen und thatsächliche Angaben wir uns berufen, weder überhaupt, noch an denjenigen Stellen ihrer Werke geschehen, auf die wir uns näher zu beziehen haben werden. Indeß kann daraus auch wohl kein sonderlicher Nachtheil erwachsen.

Es wird daher am Besten sein, diese Vorzüge hier zuvörderst einfach namhaft zu machen. Späterhin kann es dann theils dem Leser überlassen bleiben, das ferner zu Sagende je an seinem Orte selbst auf den dahin einschlagenden Hauptpunkt zu beziehen; theils werden solche Rückbeziehungen dann nur anzudeuten sein.

---

*) Auch speciell in dieser Beziehung gilt vom Wallfischfange wieder ganz Dasselbe, was zu Lande von der ihm so verwandten, ganz entsprechenden Jägerei und von dem, gewöhnlich mit ihr verbundenen Forstwesen gilt, wenn es sich um die Vorbildung eines, in jeder Beziehung geübten Kernes für ein Kriegsheer überhaupt, und besonders für eine neu zu schaffende Land-Armee handelt. Beides bkt, wie bekannt, wenigstens theilweise ebenfalls besser für den Krieg vor, als aller sogenannte Kriegsdienst im Frieden; schon weil es zu sehr viel größeren und dauernden Anstrengungen gewöhnt.

Diese, zum Theil schon bezeichneten Hauptseiten sind:
a. Der Nutzen des Wallfischfanges in national-öconomischer — und
b. in nautisch-technischer Hinsicht; ferner seine Vortheile
c. in national-politischer — und theilweise selbst
d. in socialer Rücksicht: in Beziehung auf die Lage des Schiffer-Standes.

Letzteres gilt nämlich besonders insofern, als der Wallfischfang allmählich auch bei uns ebenso, wie längst in Nord-Amerika, — indem er von Kapitain und Mannschaft, als selbst Eigenthümern*) des Schiffes, für alleinige eigene Rechnung betrieben wird, — ein vortreffliches Mittel abgeben kann, um auf mehr denn Eine Weise einen höheren Wohlstand auch bei gewöhnlichen Seefahrern (niedern und untersten Ranges) zu erzielen, und namentlich ihr späteres Alter vor Noth zu sichern.

Uebrigens kann jedenfalls Nichts entscheidender für die mehrseitigen Vorzüge des Wallfischfanges sprechen, als der steigende Umfang seines Betriebes bei anderen, vorzugsweise seefahrenden Völkern überhaupt, und besonders die, gerade in neuerer Zeit noch vermehrte Betheiligung an demselben. Betrachten wir, sagt der Verfasser, das Maaß, in welchem ein Voll, oder die Bürger eines Staates, sich mit einem seemännischen Gewerbe befassen, dessen Ausübung so viel mehr seemännischen Muth und Tüchtigkeit, mehr rastlose Thätigkeit und geistige, wie leibliche Ausdauer verlangt, als jedes andere; so wird dieses Maaß allerdings meist auch überhaupt den gesammten, beständigen oder zeitweiligen Grad von seemännischem Unternehmungsgeiste der gemeinten Nation ziemlich richtig bezeichnen. Indeß kommen doch manche äußere, politische Verhältnisse wesentlich mit in Betracht. So namentlich anhaltende Kriege, oder dauernder Friede, insofern je gerade ein oder mehrere Länder im Gegensatze zu anderen betreffen. Beide können jener Neigung bald zeitweise bedeutend Eintrag thun, bald sie vorzugsweise begünstigen.**) Das Letztere hat offenbar, namentlich seit den zwei letzten Jahrzehenden des vorigen Jahrhunderts, bei den

Nordamerikanischen Freistaaten,

im Gegensatze zu den meisten seefahrenden Ländern und Völkern Westeuropa's Statt gefunden. Jene blieben von den Erzeugnissen, welche damals ganz Europa erschütterten, entweder völlig unberührt, oder dieselben gereichten ihnen vielmehr zum Vortheile. Hieraus zugleich, nicht bloß aus dem bewunderungswürdig thätigen Wesen der Nordamerikaner allein, wird also jener ungemein blühende Zustand zu erklären sein, dessen ihr Wallfischfang sich erfreut.

---

*) Und wenn Kapitain und Mannschaft auch bloß Mitbetheiligte sind, wie z. B. in Nordamerika, so wird bei aller Subordination doch ein ganz anderer Geist den Seefahrer beseelen, er wird einen ganz andern Charakter, Muth und Takt erlangen, als bei unsern zahmen Marine-Verhältnissen. Seine beispiellose Anstrengung und allmählig erlangte Festigkeit werden außer dem materiellen und moralischen Vortheil, Besitz zu erwerben und der Nation in den Individuen Geltung zu verschaffen, noch den ungeheuren Segen haben, dem Volke des Wallfängers resp. Seefischers seine psychischen Vorzüge mitzutheilen und der Nationalität selbst ein neues lebensfähiges Reis aufzupflanzen.

**) Das Erstere erklärt sich zumal bei Seekriegen schon dadurch, daß alsdann Matrosen rc. von Wallfischfahrern so vor allen andern zum Flottendienste gesucht sind, wo nicht gar gezwungen werden. (Das bekannte sogenannte „Matrosen-Pressen" in England zum Dienste auf seiner Kriegsflotte.)

Die Gesammtzahl der ihn betreibenden Schiffe betrug dort am 1. Januar 1846 bereits 737, also beiläufig 9/10 aller, die es damals überhaupt (in Amerika und ganz Europa zusammen) gab. Von jener Menge Fahrzeuge kamen sogar nicht weniger als 256, folglich mehr als 1/3, ganz allein auf den einzigen Hafen und die Stadt New-Bedford. Ein Ort, der freilich nicht nur den Hauptstapelplatz des gesammten amerikanischen Wallfischfanges bildet, sondern in der That als eine fast lediglich von Wallfischjägern bewohnte Stadt anzusehen ist, wo andere Gewerbe und Berufsarten meist nur insoweit vertreten sind, als sie dem Schiffbaue und der Schifffahrt überhaupt, oder namentlich dem Wallfischfange insbesondere dienen. New-Bedford gilt daher mit Recht, so zu sagen, für die hohe Schule der gesammten Wallfischjägerei. Es ist vor allen übrigen der Platz, welcher die Wallfischfahrer anderer, darin minder erfahrener Völker mit geübten Harpunirern, und viele Schiffe (namentlich fast alle französische) auch mit erfahrenen Kapitainen versieht, und wo die besonderen Interessen dieses Gewerbes sogar in der Presse vertreten sind.

Seitdem, bis heut, wird übrigens die obige Gesammtzahl der amerikanischen Schiffe wahrscheinlich die Summe von 800 vollends erreicht, wo nicht bereits überschritten haben. Denn schon eine Reihe von Jahren hindurch hat der reine Zuwachs an neu hinzugekommenen, — abgesehen von dem Ersatze der mittlerweile unbrauchbar gewordenen, — regelmäßig zwischen 40—50 alljährlich betragen. Dabei ist noch zu bemerken, daß zugleich die meisten hierbei beschäftigten amerikanischen Fahrzeuge größer sind, daher auch von Einer Fahrt mehr Ausbeute zurückbringen, als die von europäischen Völkern dazu verwendeten. So hat man dort freilich jetzt einen Vorsprung erlangt, der ahzu gewaltig ist, als daß jemals andere Völker wirklich nachzukommen die Aussicht hätten. Indeß wird Letzteres auch Niemand erwarten, oder verlangen. Nur sollte kein Volk, auch nicht das unserige, unterlassen, zu thun, was es kann: nicht aus Mangel an Muth dazu; und noch weniger gleichsam aus Grundsatz. —

Aber der Wallfischfang der Amerikaner war auch bereits zur Zeit der staatlichen Trennung Nordamerika's von dem europäischen Mutterlande so erstarkt, daß er schon damals die laute Bewunderung der Engländer selbst erregte. Der nun folgende Unabhängigkeitskrieg war überdies für Amerika viel minder störend, als für England. Von allem Dem aber, was England später, namentlich zu Anfange des laufenden Jahrhunderts, so gewaltige Anstrengungen kostete, blieb Amerika nicht bloß verschont, sondern es gewann vielmehr dadurch, sowohl überhaupt, wie in's Besondere hinsichtlich seines Wallfischfanges. Denn, indem letzterer anderswo theils bedeutend sank, theils ganz eingestellt wurde, und werden mußte, erhielt natürlich Amerika gleichsam von selbst, in Folge der Umstände, ein Privilegium oder Monopol auf Lieferung der Producte desselben. —

Gleichwohl sind bisher die

Engländer,

so weit sie auch hinter den Amerikanern (nach dem Umfange des Betriebes) jetzt zurückstehen, immer noch die Ersten nach ihnen geblieben. Zudem werden sie nunmehr wieder um so rascher darin vorschreiten, je mehr sie in neuester Zeit das verhältnißmäßige Sinken ihres Wallfischfanges erkannt haben. Denn für Engländer mußte Letzteres hinreichen, um sofort auch mit gewohnter Umsicht, Thatkraft und Einigkeit zweckmäßige Mittel zur Abhilfe zu treffen.

In der That war die Gesammtzahl ihrer Wallfischfahrer, trotz der großartigen

Geschäfte, welche einzelne der bedeutendsten Londoner Handelshäuser noch heut in diesem Zweige machen, bis zu Anfang dieses Jahres allmählig auf 80—90 Schiffe gesunken; jene der britischen Colonien mit eingerechnet. Und es konnte nicht fehlen', daß die eben so patriotischen, als praktischen Engländer dies als einen mehrseitigen National-Verlust betrachteten, dem man kräftig entgegenarbeiten müsse. Daher trat schnell zu London eine größere Gesellschaft der angesehensten Kaufleute, Schiffseigenthümer, Kapitalisten, Flotten-Offiziere, Parlaments-Mitglieder u. s. w. zusammen, um mit einem Gemeinsinne, wie in Europa wohl nur Briten ihn besitzen, ungesäumt ihre Kräfte zu gemeinschaftlichen größeren Unternehmungen der Art zu vereinigen. In diesem Vereine sind auf solche Weise die Blüthe materieller, wie intellectueller Kräfte und gereifter Erfahrungen zu diesem Einen Zwecke verbunden u. s. w.

So ist mit Bestimmtheit zu erwarten, daß der Wallfischfang der Briten sich binnen weniger Zeit wieder sehr bedeutend heben und vermehren werde. Denn Verluste, selbst im Einzelnen, möchten bei ihnen vermöge ihrer langen Erfahrungen schon überhaupt nicht leicht zu besorgen sein; am wenigsten aber werden sie es jetzt, unter so viel günstiger umgestalteten Verhältnissen. Sollten deren aber doch, in Folge zufälliger Umstände, bei einzelnen Fahrten und Schiffen eintreten; so werden dieselben, wegen der Gemeinschaftlichkeit mehrerer, gleichzeitig von demselben Vereine gemachter Unternehmungen, reichlich durch um so glücklichere Erträge anderer Schiffe gedeckt. Und solche Pläne, so practische Einrichtungen sollte man, zu mehrerer Sicherheit, so weit als möglich überall nachahmen; ganz besonders aber da, wo man die Sache erst neu anfängt. In der That haben die Russen, wie wir sehen werden, sich dieselben auch sofort zum Muster genommen, ja sie theilweise noch passend erweitert.

Als geschichtliche Thatsache könnte es vielleicht einige Verwunderung erregen, daß das „meerbeherrschende Alt-England" selbst, also mit Ausschluß seiner früheren amerikanischen Colonieen, doch im Wallfischfange niemals das hervorragendste Land gewesen ist. Denn vorher waren ihm, wie allen Uebrigen, die Niederlande überlegen. Bei und nach dem Abfalle der jetzigen Nordamerikanischen Freistaaten aber waren es diese bereits; und sie blieben es nicht allein späterhin, sondern wurden es noch immer mehr: Beides gewiß hauptsächlich aus den schon erwähnten Gründen. — Doch wird sich jenes anfängliche Zurückstehen wohl eben durch Englands Weltherrschaft, zumal in Handelssachen, einfach genug erklären. Es gab da ja überall der lohnenden Unternehmungen so viele. Mithin konnte das Mutterland wohl einen besonderen Zweig, wie den Wallfischfang, vorzugsweise seinen amerikanischen Colonien überlassen: um so mehr, da es ihnen nur zu lange, und stiefmütterlich genug, manches Andere meist vorenthalten hatte. — Die

Franzosen

stehen bekanntlich, trotz ihrem Muthe zu Lande, eben nicht in dem Rufe, sonderlich muthige, geschickte und tüchtige Seeleute zu sein. Gleichwohl haben ihre Kaufleute, Seefahrer und Rheder, besonders die zu Havre, fast nie unterlassen, sich am Wallfischfange zu betheiligen: obgleich sie beinahe alle ihre Wallfischfahrer, mit sehr wenigen Ausnahmen, noch heut von amerikanischen Kapitainen führen lassen müssen, und nicht weniger stets amerikanischer Harpunirer bedürfen. Nur ihre Revolutions-Kriege, und namentlich die nachfolgenden des Kaiserreiches, hatten ihre derartigen

4

Unternehmungen längere Zeit unterbrochen.*) Sie haben dieselben jedoch späterhin, nach erfolgtem Frieden, sehr bald aufgenommen; und zwar mit so viel Eifer, daß sie gegenwärtig näher hinter den Engländern folgen, als man vermuthet haben möchte. Ein Verhältniß, welches gewiß namentlich bei ihnen, als minder seetüchtigem Volk, schon Etwas sagen will; zumal jetzt, nach dem Verluste ihrer meisten Colonien.**)

Zugleich hat jedoch, — offenbar mit in Folge der Anstrengungen, welche in England jetzt von Privatmännern zur Hebung dieses Gewerbes gemacht werden, — auch die französische Regierung sofort darauf Bedacht genommen, Dasselbe ihrerseits für Frankreich zu erzielen. Dies bewies sie bereits in den ersten Monaten dieses Jahres, also kurz nachdem die gedachten Bemühungen und Pläne des Londoner Vereins durch authentische Zeitungsberichte allgemein bekannt geworden waren. Gleich damals wurde nämlich dem französischen Handels-Minister durch königliche Ordonnanz ein Credit von 800,000 Francs zu Prämien angewiesen, lediglich, um vermittelst derselben auf Hebung des französischen Stockfisch- und Wallfischfanges hinzuwirken. — Was

D e u t s c h l a n d,

betrifft, so ist freilich nach Verhältniß bloß ein nicht sehr bedeutender Theil ganz bequem zur unmittelbaren und, wenn man so sagen soll, persönlichen Betheiligung am Wallfischfange gelegen. Doch einerseits ist, neben dieser, ja auch tiefer im Innern selbst eine materielle Betheiligung, auf mittelbare Weise, keineswegs ausgeschlossen. Ja, es findet eine solche in der That bereits wirklich statt; nur leidet freilich noch unter gar zu vielen Bedenklichkeiten, die man zum Theil als „ächt deutsche" (in eben nicht schmeichelhaftem Sinne) bezeichnet hat, — und deshalb bisher in gar zu geringem Maaße. Es bedarf also bloß einer gehörigen und nachhaltigen Steigerung derselben. Diese findet sich aber wohl allmählig, durch erweiterte und verallgemeinerte Bekanntschaft mit dem Wesen und Nutzen der Sache.

Anderer Seits berühren, wie bei uns Deutschen so häufig, auch hier einander wieder die Extreme. Wir finden hier eine bedeutende, ja theilweise in der That sehr lebhafte Betheiligung an der Sache im Westen; dagegen bis vor wenigen Jahren eine völlige, unbedingte Theilnahmlosigkeit im Nordosten. Dort thut gegenwärtig eine einzelne, freilich höchst rüstige Hanse-Stadt, der kleine Seestaat Bremen, im Wallfischfange nicht bloß eben so viel allein, oder beziehungsweise sogar mehr, als das gesammte übrige Deutschland zusammen; sondern es leistet darin in der That überhaupt nach Verhältniß zu seinem Gebiete, schon bewunderungswürdig viel.***) Dabei fährt

---

*) Schon in nothwendiger Folge der nachherigen Maßregeln Englands gegen Frankreich zur See. Denn noch im Jahre 1790 hatten sie, nach M'Culloch, an 40 Wallfischfahrer in Thätigkeit.

**) Und sie haben u. a. gerade diejenigen verloren, wo, der geographischen Lage nach, am meisten Neigung zum Wallfischfange herrschen mußte.

***) Und zwar nicht bloß nach der Zahl seiner derartigen Schiffe, sondern auch darum, weil es die Mehrzahl derselben gleich nach den entferntesten Meeren aussendet, wo meist wirklich zur Wallfische gefangen werden, während jetzt bekanntlich die meisten Grönlandsfahrer, weil man den „grönländischen Wallfischfang" auf höchst unvorsichtige Weise ruinirt hat, sich gewöhnlich nur auf das Robben-Schlagen (die Seehundsjagd) beschränken. (Ein Geschäft, welches ächte Wallfischjäger, nach Scoresby, noch vor 30—40 Jahren unter ihrer Würde hielten.)

Bremen hatte schon im vorigen Jahre mindestens 13 Südseefahrer gegen 4 Grönlandsfahrer; das Königreich Hannover nur 1 von ersteren, dagegen 4 der letzteren. Das kleine Oldenburg hatte zwar 8 Schiffe; jedoch nur Grönlandsfahrer. Mecklenburg desgleichen. Bei Hamburg scheint die Schiffszahl ungefähr dieselbe,

es rüstig fort in dem Bestreben, alljährlich noch mehr zu leisten: während die gesammten deutschen Ostseeländer zusammen es nunmehr endlich, mit Noth und Mühe zu ein Paar Südseefahrern gebracht haben.

Und doch sind, wie Jedermann weiß und gerade hier die meisten und wichtigsten Verhältnisse, — trotz der bekannten leidigen Erschwerung bei Helsingör (nun beseitigt), entschieden günstiger, als im Westen. Und doch gelten bekanntlich deutsche Seeleute, bereits von den gewöhnlichsten (Matrosen) an, mit für die besten in der Welt; und die deutsche Handelsflotte ist schon jetzt, ihrer Schiffszahl nach, die dritte im Range überhaupt.*)

Woher denn gerade in diesem Punkte ein solcher Mangel an Muth, Thätigkeitstrieb und Selbstvertrauen? — selbst an dem natürlichsten, gerechtesten Vertrauen zu sich und den Seinigen! Denn hierzu ist, den eben gedachten notorischen Thatsachen gegenüber, doch wahrlich kein Grund vorhanden. Aber selbst in dieser Beziehung berühren sich die Extreme noch abermals: gleichsam, als wäre es damit nicht schon an Einem Male übergenug! Da glauben nämlich die Einen sehr irriger Weise, daß für jeden tüchtigen deutschen Seemann ein Paar Monate Zusehen und sehr untergeordnetes Mithelfen beim Fange schon genügen müßten, um auch gleich als tüchtiger Wallfischjäger fertig dazustehen. Folglich könne man von da ab der wohlerfahrenen, freilich etwas theureren, dafür aber desto tüchtigeren fremden Lehrmeister schon ohne Nachtheil wieder entbehren. Umgekehrt jedoch wollen viele überkluge Andere, die überall gern zum Voraus absprechen, überhaupt daran verzweifeln, daß es mit deutschem Wallfischfange jemals Etwas werden könne! Als ob derselbe nicht im Westen Deutschlands bereits im schönsten Flore bestände, und zu seiner Zeit auch früher schon glänzend bestanden hätte.**)

Ferner hat es, was Preußen betrifft, schon zu den Lieblingswünschen des unvergeßlichen Friedrichs II. gehört, den Wallfischfang in seinem Reiche eingeführt zu sehen.***) Wirklich befahl er, dem gemäß, im Jahre 1768 die Ausrüstung mehrerer Schiffe auf Staatskosten, zur Fahrt nach Grönland und Spitzbergen, wo fast allein damals der Wallfischfang getrieben wurde.****) Ungünstige Zeitverhältnisse, mit welchen dieser unvergleichliche Fürst bekanntlich fortwährend so außerordentlich viel zu kämpfen hatte, scheinen freilich die wirkliche Ausführung des Planes verhindert zu haben. Es genügt hier aber, zu wissen: daß ein Staatsmann und Regent, wie

---

und die Zahl der Grönlandsfahrer (Robbenschläger) gegen jene der Südfahrer immer noch überwiegend. — In Holstein hat sich ganz neuerlich gleichfalls der Sinn für die Sache wieder lebhaft bestätigt, und zwar sogleich mit bestem Erfolge. — Im ablaufenden Jahre (1847) war die Gesammtzahl deutscher Grönlandsfahrer 44.

*) Bedenken wir also doch, was es für Deutsche sagen will, in einem so wichtigen Zweige des Seewesens viel weniger zu thun, als unsere, so viel minder seemännischen Nachbaren jenseits des Rheins.

**) Gab es doch eine Zeit, (es sind nun freilich 100—150 Jahre her,) wo Hamburg allein mehr darin leistete, als damals ganz England und Schottland zusammen! (Es scheint eben so bezeichnend, wie vielleicht erklärlich, daß Irland sich eigentlich niemals damit befaßt hat).

***) Eine Thatsache, deren Gedächtniß selbst der berühmte Grönlandsfahrer, Kapt. Scoresby, in seiner Geschichte des Wallfischfanges (Artic Regions, Vol. II. p. 171. Edinburgh, 1820) aufbewahrt hat.

****) Nur die Amerikaner gingen schon damals nach dem Süden. Aber selbst die Engländer folgten ihnen darin erst mehrere Jahre später allmählig nach.

6*

er, selbst mitten unter fast beständigen und schweren Kriegen, den Gegenstand nicht aus den Augen verlor. Dies zeigt jedenfalls: wie richtig der große König den unmittelbaren und mittelbaren Nutzen der Sache erkannte, und wie hoch er Beides anschlug. Die Gründe aber, welche damals ihn hierbei leiteten, gelten heut nicht bloß ebenso, wie damals; sondern sie müssen heut zum Theil noch eine viel stärkere Aufforderung sein, als damals. Und besonders: um wie viel leichter werden diese Wünsche jetzt ausführbar sein! — Um so mehr bleibt also zu wünschen: daß man in unserer friedlich regsamen Zeit, wo man sich überall so gern jenes trefflichen Fürsten und seines herrlichen Strebens erinnert, nunmehr seine Gedanken auch in dieser Beziehung mit gebührender Wärme und Thatkraft wieder aufnehme. Dabei möge ganz besonders der gesammte Norden und Osten Deutschlands auf das ausgezeichnete Beispiel hinblicken, welches ein Theil unserer westlichen Landsleute uns hierein aufgestellt hat.

Die **Holländer** waren mehr, denn ein Jahrhundert lang, noch fast bis in die letzten Jahrzehnte des vorigen hinein, von allen Völkern, das hervorragendste im Wallfischfange, indem sie damals jährlich 180—200 oder noch mehr Schiffe nach dem Norden aussandten.*) Namentlich währte dies von 1669—1778, wo zuerst ein Sinken begann. Die Folgen der nachherigen großen Umwälzungen in dem nahen Frankreich halfen diese Abnahme sehr rasch beschleunigen, bis endlich, mit der Besitznahme Hollands durch die Franzosen, auch der Wallfischfang des Landes gänzlich zerstört wurde. Seitdem hat sich derselbe, auch nach der Wiedereinsetzung des alten Herrscherstammes, nicht wieder erholt; trotz der bedeutenden Prämien, welche die Regierung ungesäumt (schon im Jahre 1817) auf die Ausrüstung jedes Wallfischfahrers aussetzte. Indeß bedenken wir dabei überhaupt die so ganz veränderten Umstände des Landes, und zugleich die, inzwischen eingetretene, fast gänzliche Vernichtung des Wallfischbestandes um Grönland und Spitzbergen.**) Beides zusammen wird es dann wohl erklären, warum bei den Bürgern Niederlands auch gegenwärtig für diesen Zweig noch wenig Unternehmungslust wieder erwacht ist. Doch wird dies vielleicht dennoch bald geschehen und dann werden die Holländer vermuthlich auch wieder mit ihrer gewohnten Ausdauer und Zähigkeit daran festhalten.

Dasselbe, wie von ihnen, galt natürlich in Bezug auf frühere Zeit, und gilt im Ganzen auch jetzt, von ihren früheren Mitbrüdern, den jetzigen **Belgiern**. Nur hatten letztere gegenwärtig jedenfalls meist dringendere Veranlassung, als jene, sich wieder mit Nachdruck auf dieses Gewerbe zu verlegen. Bei der bekannten Rührigkeit des jungen Staatsverbandes dürfte letzteres indeß wohl nicht lange mehr ausbleiben.

Dänen, Schweden und Russen haben sich zwar im Wallfischfange nie besonders ausgezeichnet, doch eben so wenig ihn ganz aufgegeben.

Die **Russen** besonders aber haben, angeregt durch das erwähnte Beispiel der Engländer, neuerlichst den großen Vortheil wohl erkannt, in welchem gerade sie für den Betrieb dieses Zweiges durch den Besitz von Kamschatka, und noch mehr durch ihre Colonien im Westen Nordamerika's, sich befinden.***) Kaum war nämlich die

---

*) Für kürzere Zeiträume hat sich, nach Scoresby, die Zahl derselben, oder wenigstens jene der ibrigen und der Hamburger zusammen, gar auf 300 belaufen.
**) Der Fang auf der Südsee kam erst nach Hollands glücklicher Zeit in Aufnahme.
***) Den bloßen Robbenfang haben sie an den europäischen Küsten, namentlich von Archangel aus, ohnehin stets lebhaft und weit nördlich fortgeführt.

Bildung der obigen Londoner Gesellschaft, und besonders ihr Plan, die Aucklands-Inseln im Süden zu colonisiren, bekannt geworden, als sich auch sofort ein ganz ähnlicher Verein zu Abo bildete, um gleiche Zwecke im Norden zu verfolgen, und hier die russisch-amerikanische Insel Sticha zum Hauptstapelplatze für den russischen Wallfischfang zu machen. Alsbald waren hinreichende Mittel zusammengebracht, um, vorläufig 6 Jahre hindurch, jedes Jahr eines neues und neugebautes Schiff auszusenden, zugleich mit der Absicht, dieselben insoweit, als die Umstände es gestatten würden, namentlich bei der Abfahrt, noch anderweitig zu benutzen. So werden auch hier etwaige Unfälle bei einzelnen Fahrten, wie sie zu Anfange vielleicht eintreten, durch den Gesammtgewinn von den günstigen übrigen gedeckt werden.

Dieser Ueberblick zeigt, welche erhöhte Thätigkeit in diesem Zweige von Seiten anderer Länder und Völker nun in sicherer Aussicht steht.*)

Er wird daher um so klarer auch darlegen, wie sehr das gesammte nordöstliche Deutschland Ursache hat, fernerhin überhaupt nicht so weit hinter anderen Völkern und selbst gegen seine westlichen Mitbrüder, zurückzubleiben. In der That sollte dasselbe, aus mehr denn Einem Grunde, schon einen seemännischen Ehrenpunkt darein setzen, sich hier künftig nicht so weit von anderen, so viel minder seetüchtigen Völkern übertreffen zu lassen, wie es Franzosen und Russen, im Vergleiche mit den Deutschen, von jeher gewesen sind, und vermuthlich immer bleiben werden, so lange man ihnen nicht, wie in gegenwärtigem Zweige, durch eigene Unthätigkeit darin den Vorrang ausnahmsweise gleichsam aufbringt. — Und gerade Seeleute pflegen ja bekanntlich sonst eben nicht die letzten unter Denen zu sein, denen der Ehrenpunkt Etwas gilt. Aber, selbst wem er Nichts gälte, Den sollte dann wenigstens der, hier so bedeutsame, unmittelbare volkswirthschaftliche und der mittelbare staatliche (national-öconomische und politische) Vortheil der Sache nicht gleichgültig lassen.

Die Bedeutung des Wallfischfanges in volks- und staatswirthschaftlicher (national-ökonomischer) Hinsicht.

Man kann der abgesagteste Feind jeder Art von naturwidrigem, den natürlichen Verhältnissen eines Landes nicht angemessenem, sondern bloß treibhausmäßig erkünsteltem Gewerbsbetriebe sein: und man wird gewiß, — nicht trotz dem, sondern

---

*) Herr Dr. Gobler hat die Wahrheit vorausgesagt. Alle Nationen haben ihren Wallfischfang gesteigert, nur Deutschland nicht; und gerade die baltischen Häfen Preußens, denen er den Wallfischfang als erste Aufgabe anwies, haben außer einem Versuche, den Stettin mit zwei Schiffen machte, nichts darin gethan. Dieser Versuch fiel leider obenein unglücklich aus und diente nur zur Ertödtung des schwachen Entschlusses, etwas im Seefischfang zu leisten. Bis jetzt scheint eine genaue Darstellung des ganzen Verlaufs der vorerwähnten mißlungenen Fahrt noch zu fehlen, da sie uns trotz aller Mühe zu erlangen unmöglich war. In jedem Fall wäre angedeutete Beschreibung aber sehr nothwendig. Der durch sie ermöglichte Vergleich der Stettiner Expedition mit den gleichzeitigen englischen, amerikanischen, ja selbst bremer Fahrten, die zur selben Zeit unternommen worden, würde sicher die Ursachen des Mißlingens der ersten klar gemacht, den Schrecken davon beseitigt und zu einer Wiederholung des Unternehmens aufgemuntert haben.

gerade deshalb, — nicht umhin können, für Länder wie Deutschland, dem Wallfischfange auf's Lebhafteste das Wort zu reden. Denn eben hierher paßt derselbe ganz
naturgemäß; ja sogar vorzugsweise.

Man kann daher innigst jeden Thaler bedauern, der hin und wieder noch zur
Hebung irgend einer solchen kränkelnden, vielleicht schön klingenden, aber zuletzt un-
fruchtbaren, volks- und staatswirthschaftlichen Künstelei verwendet wird, der sich mit
vielen Kosten doch nur ein sieches, kraftloses Dasein fristen läßt: und man wird,
im Gegensatze hierzu, kaum Etwas finden können, dem man für den Anfang selbst
bedeutende staatliche Opfer lieber zugewandt zu sehen wünschen dürfte, als dem
Betriebe des Wallfischfanges bei uns. Denn sie werden sich nicht leicht bei irgend
etwas Anderem besser, schneller und mehrseitiger vergüten als bei ihm. Sie werden
nicht lange fortgesetzt zu werden brauchen, um ihn gesund und hinlänglich erstarkt
dastehen zu machen.

Man kann ferner überhaupt, namentlich aber von dem Standpunkte der Na-
turkunde aus, auf das Entschiedenste von der Verkehrtheit jenes staatswirthschaftlichen Grundsatzes überzeugt sein, der Alles, was ein Land braucht, selbst der Natur entgegen, auch wo möglich im Lande erzeugt, oder sonst von Inländern gewonnen sehen will. Dennoch wird man Letzteres bei uns vor hundert anderen Dingen
gerade in Bezug auf die, für das Land erforderlichen Erzeugnisse des Wallfischfanges
wünschen müssen: eben weil dieses Selbstgewinnen hier so unzweifelhaft nützlich, als
natürlich angemessen sein wird.

Man kann sich endlich, neben anderen Gründen, von Ersterem schon darum
widrig berührt fühlen, weil seine künstlich erzwungene Durchführung den großen
freien Verkehr, den naturgemäßen, unbeschränkten gegenseitigen Austausch von Erzeugnissen der verschiedensten Länder hemmt: während man überall, soweit Gegen-
seitigkeit besteht, den möglichst freiesten Handel als die allseitig vortheilhafteste Ver-
kehrsweise zwischen Ländern und Völkern ansehen muß. Dennoch wird man sich
abermals gedrungen fühlen, schon deshalb wiederum für die Bevölkerung des Wallfischfanges sich auszusprechen, weil derselbe in seiner jetzigen Gestaltung so wesentlich
dazu beiträgt, diesen umfassenden Weltverkehr zu befördern: indem er die Seeleute
eines Volkes, welches ihn betreibt, zu größeren Unternehmungen nach den weitesten
Fernen heranzieht, vorbildet und auffordert.*)

Man wird mithin zugestehen müssen, daß der Wallfischfang wirklich Alles für
sich, und gar Nichts gegen sich hat: außer bei uns — theilweise seine Neuheit. —

Das ist der einzige Nachtheil; freilich ein solcher, der das Unbequeme hat, daß
er — sich nicht von selber giebt: dem sich vielmehr nur dadurch abhelfen läßt,
daß man sich eben mit der Sache befaßt und mit einigem Muthe darin versucht.
Es wäre aber doch wahrlich gar zu kläglich, wenn man irgendwo in Deutschland
noch fernerhin daran verzweifeln wollte, Etwas zu erlernen, was bereits so viele
Tausende recht wohl erlernt haben: und darunter gar manche, die weit schlechtere
Seeleute sind, als unsere, längst als vortrefflich anerkannten deutschen.**)

---

*) In Deutschland laufen gegenwärtig selbst von hamburger Schiffen erst 15 pCt.
auf transatlantische Fahrten aus: während 85 pCt. blos zwischen europäischen Häfen
und Niederlagen verkehren.

**) Einen eigenthümlichen Eindruck mußte uns die, in einem bei Schluß Dieses
empfangenen, in jeder Rücksicht praktischen Berichte der Fischerei-Innung eines der
ersten Seestädte machen, in welchem über Wallfischfang sich folgende Bemerkung

Ueber die volkswirthschaftliche Seite der Sache drücken sich Kapitain Scoresby und Sir Fr. Bennett sehr passend in folgender Weise aus:

„Kein Gewerbe irgend einer Art bringt mehr reinen Zuwachs des Volksvermögens ein, als der Wallfischfang."

Denn: „was thut der Wallfischjäger? Er fischt, im fast buchstäblichen Sinne des Wortes, Geld aus dem Meere: Geld, welches nur, statt in geprägter metallischer Form, in Gestalt riesenhafter lebender Thiere, ihres Fettes, Wallrathes und Fischbeines dort schwimmt; Geld, welches für's Erste Niemanden gehört, sondern verloren gehen würde, wenn Niemand es herausfischte; und welches daher zuerst Diejenigen bereichert, die es herausfischen, oder herausfischen lassen, und folglich auch das Land welchem sie angehören." Das Meer gehört allen Völkern gemeinschaftlich; der Wallfischfang auf demselben steht daher allen frei. „Jedes Volk also, welches seiner Lage nach daran Theil nehmen könnte, es aber nicht thut, benachtheiligt sich offenbar selbst; und zwar in hohem Grade."

Der einzige zu Lande mögliche Fall, welcher einem solchen Unterlassen in Bezug auf die Nachtheile gleich zu stellen sein möchte, wäre noch denkbar im Salinenwesen. Es würde hier der sein: wenn man gehaltreiche Salzsohlen unbenutzt aus dem eigenen Lande wegfließen ließe, und das nöthige Salz im fremden Lande kaufte; statt es selbst zu gewinnen, indem man jene Sole auffinge und benutzte. Denn es kann bei diesem Vergleiche offenbar Nichts darauf ankommen, daß hier der Boden, wo eine Salzquelle zu Tage kömmt, bereits das ausschließliche Eigenthum von Einem ist: während das Meer, wo man Wallfische fängt, Allen gehört. Denn es handelt sich hierbei ja eben nicht um ein irgendwie zweifelhaftes Recht, sondern um ein ganz unbestreitbares und thatsächlich unbestrittenes. Und da macht es jede Falls wenig Unterschied: ob man die Benutzung eines besonderen Eigenthumes und Eigenthums-Rechtes vernachlässigt; oder ob man den Mitgebrauch eines solchen unterläßt, welches man in Gemeinschaft mit Anderen besitzt. Im Gegentheile: ein guter Wirth pflegt ein solches allgemeines Recht gerade zuerst und vorzugsweise zu benutzen: weil ihm das allein-eigene ja doch Niemand schmälern kann.

Wie viel aber hier durch Benutzung dieser gemeinschaftlichen Berechtigung Aller sich gewinnen läßt, wie viel man so „aus dem Meere herausfischen" kann, dies legt unter Andern Scoresby dar: indem er den Werth der gesammten Producte berechnet welche allein sein Vater bis dahin (i. J. 1820) von seinen 28 Fahrten nach Grönland zurückgebracht hatte.

Dieser Werth belief sich im Brutto-Ertrage, genau nach den jedesmaligen Marktpreisen veranschlagt, auf beinahe 150,000 £. St. Er betrug also, nach unserem Münzfuße, eine volle Million Thaler: „Alles", wie Scoresby nachmals hinzufügt, „aus der See herausgefischt" unter Leitung Eines Mannes, und von der Mannschaft je Eines Schiffes.*) — Hierbei gingen dann allerdings für die Eigenthümer der Schiffe vom Reingewinne alle damit verbundenen Kosten ab; nicht aber für das Land oder Volk. Für letzteres blieb Alles dies, oder fast Alles, stets als reiner Ge-

findet: „**Es ist der Wallfischfang ein Geschäft auf Leben und Tod und dafür paßten die Deutschen nicht."** J. J. St.

*) Und damals schickten England und Schottland zusammen deren noch über 100—120 nach dem Norden. — Seitdem hat zwar der Preis dieser Producte bedeutend nachgelassen; dafür ist jedoch, wenigstens beim Potwallfange, der Betrag der Ausbeute seiner Menge nach eben so merklich gestiegen.

winn zu betrachten. Denn einer Seits blieben fast sämmtliche Auslagen für die Ausrüstung der Fahrzeuge im Lande.*) Anderer Seits gewährten sie der so beschäftigten Mannschaft die Mittel zum Lebensunterhalte: während durch Beschäftigung derselben in diesem Zweige wieder Raum für Andere zu dem nöthigen anderweitigen Nahrungserwerbe geschafft wurde. — Ferner ist dabei nicht in Anschlag gebracht, was sich mittelbar, nämlich bei dem eigentlichen Handel in zweiter, dritter und weiterer Hand für die Kaufleute, und bei der Ausrüstung der Schiffe für eine Menge von dabei beschäftigten Handwerkern, noch ergab.

Versuchen wir nun einen, nur ganz beiläufigen Ueberschlag dessen, was auf diese Weise alljährlich Nordamerika unmittelbar „aus dem Meere fischen" mag:

Nehmen wir die Zahl seiner Schiffe, wie oben nachgewiesen, zu 800, und die Dauer ihrer Fahrten als volle 3 Jahre an. Berechnen wir ferner den Ertrag jener Fahrt im Durchschnitt zu 3500 Ctr. (was für Amerikaner sehr, sehr gering und gewiß viel zu wenig ist;) so wie den Centner im Ganzen zum Werthe von 10 Thalern.**) Dieß gäbe dann für jedes Schiff eine Ladung im Werthe von 35,000 Thlrn. Folglich käme, da von 800 Schiffen jährlich über 250 — genauer 267 — mit einer solchen Ladung zurückkehren, die Summe von ungefähr 9 Millionen heraus: (nämlich bei 250 schon 8,750,000, bei 267 aber 9,345,000 Thaler;) allen mittelbaren Nutzen ungerechnet. In der Wirklichkeit dürfte sich aber wohl ein Merkliches über 10 Mill. ergeben. Vielleicht, daß öfters selbst 12 Millionen kaum hinreichen u. s. w.

Unter die volkswirthschaftlichen Vorzüge des Wallfischfangs wird natürlich auch jener, schon früher beiläufig angedeuteten, vortheilhafte Einfluß zu rechnen sein, welchen gerade dieses Gewerbe unter gewissen Umständen, mehr als jeder andere Zweig der Schifffahrt, auf das materielle Wohlergehen unseres Seeschiffer-Standes auszuüben vermögen wird.

Oder, um uns hier eines, jetzt sehr gebräuchlichen Ausdruckes zu bedienen, es sind: die Vortheile des Wallfischfanges in bürgerlich-gesellschaftlicher („socialer") Beziehung.

Hiermit ist nun aber nicht bloß jener allgemeine höhere Verdienst gemeint, welchen der Wallfischfang, im Vergleiche mit dem Kauffahrteibetriebe, dem Seemanne jeden Ranges überhaupt gewährt. Es handelt sich vielmehr um jenen besonderen und viel umfangreicheren Vortheil, welcher sich erreichen läßt, wenn der Wallfischfang auf bestimmte Weise betrieben wird: nämlich durch Vereinigung einer mäßigen Anzahl von tüchtigen Seeleuten zu gemeinschaftlichen Unternehmungen darin; also für alleinige eigene Rechnung der so gebildeten Gesellschaft.

Ein Verfahren, welches sich anderswo längst ausnehmend gut bewährt hat.

Denn eine dergleichen Einrichtung findet hierbei nicht bloß in Nordamerika häufig Statt; sondern es liegt auch schon in Europa ein ganz ähnlicher Fall vor, der nicht minder laut für die Vorzüglichkeit derselben zeigt. Dies ist der gegenwärtige, nach Verhältniß so ungemein blühende Zustand der griechischen Kauffahrtei, bei welcher eine solche Einrichtung als Regel erscheint.

---

*) Letzteres mag in Bezug auf Thran allerdings für Amerika um vielleicht 1/5 zu hoch sein; dagegen ist es jedoch für Wallrath nun mehr als das volle Doppelte, und für Barten um wenigstens das Dreifache, zu niedrig. So wird sich das Ganze ausgleichen.

*) Freilich unter Anderem die Kosten für Bauholz abgerechnet. An dem fehlt es jedoch glücklicher Weise in Deutschland auch nicht.

Die Handelsmarine des kleinen Griechenlandes hat jetzt bekanntlich fast den ganzen Handel in der Levante, so wie in einem großen Theile des gesammten Mittelmeeres, (nicht bloß des östlichen), immer mehr an sich gezogen; und sie wird dieß ohne Zweifel künftig noch mehr. Denn sie ist nicht allein nach Verhältniß sehr umfangreich, sondern auch fortwährend in sehr raschem Steigen begriffen. Die Zahl ihrer Schiffe betrug i. J. 1846 bereits über 3,800; und davon waren über 500 im Laufe des letzten Jahres neu hinzugekommen. Welch' erstaunliches Wachsthum! In der That: eine Vermehrung, wie sie bisher niemals anderswo, selbst nicht in den größten Seestaaten, vorgekommen ist.*) Eine solche Erscheinung wird also nur durch besondere Umstände zu erklären sein. Und letztere sind hier eben die vorhin angedeuteten.

Das heißt, die Grundlagen, auf welchen sie beruhen, bilden: Unternehmungsgeist, rege Thätigkeit, leichte Vereinigung („Association") Mehrerer zu Einem Zwecke, und Vertrauen gegen Andere, wie auf sich selbst und zur Sache.

Fast alle griechische Kauffahrer-Kapitaine sind nämlich, entweder für sich, oder zuerst in Gemeinschaft mit ihrer Mannschaft, auch selbst Eigenthümer der Schiffe, welche sie führen. Und die Verhältnisse sind dort allgemein von der Art, ihnen dies leicht zu machen. Bei uns dagegen hält man nur an der, allerdings sehr wohlbegründeten Regel fest, daß jeder Kapitain zugleich „Schiffspartner" sein, d. h. einen bestimmten, nicht unbedeutenden Theil an dem Eigenthume des Schiffes haben muß. Hierdurch bleibt sein eigenes, materielles Interesse mit an das Gelingen der Unternehmungen desselben, folglich auch an die sorgfältige seemännische Leitung des Ganzen gebunden. Ein Mehreres über diesen zur Sicherung der Haupt- oder Miteigenthümer nöthigen Antheil hinaus, steht ihm jedoch nur selten, und der übrigen Mannschaft wohl niemals zu. Und doch würden nicht bloß viele unserer Kapitaine, sondern auch schon Mancher aus der Mannschaft, wohl in der Lage sein, um dies thunlich zu machen. Sie können daher jetzt in solchem Falle, wenn sie ihre weiteren Mittel wieder in seemännischen Unternehmungen anlegen wollen, meist nur ein Miteigenthum an fremden Schiffen zu erwerben suchen. So müssen sie, nothgedrungen, ihre materiellen Kräfte zersplittern.

Dagegen zögern in gleichem Falle amerikanische Wallfischjäger jeden Ranges nicht, ihre Mittel, so weit dieselben reichen, zum Ankaufe eines größeren oder kleineren eigenen Schiffes zusammenzuschießen, wobei sie das Fehlende, nach gehöriger Versicherung ihres Fahrzeuges, sehr leicht theils baar geliehen, theils gestundet erhalten.

Ein Gleiches müßte auch wohl vielen unserer tüchtigen Seemänner, die, nach erlangter genügender Erfahrung, sich in gleicher Weise auf den Betrieb des Wallfischfanges verlegen wollten, ohne große Schwierigkeit möglich werden. So ganz besonders den körperlich rüstigen und geistig-frischen jüngeren. Denn es gehört ja, zumal in größeren Handelsstädten, eben nicht unter die Seltenheiten, daß vermögende junge Leute, namentlich auch Söhne bedeutender Handelshäuser, sich in Folge lebhafter Neigung zum Seewesen entschließen, dasselbe zu ihrem Berufe wählen. Ihnen würde es dann, besonders im Vereine mit einer tüchtigen, sachkundigen Mannschaft,

---

*) Und doch ist Griechenland seiner Volkszahl, noch mehr aber seinem Umfange nach, eines der kleinsten Königreiche Europa's; ja, mit Abrechnung mehrerer deutschen und norditalienischen, einer der kleinsten selbstständigen europäischen Staaten überhaupt.

die gleichfalls Ersparnisse anzulegen hätte, um so weniger an dem hierzu Nöthigen fehlen. Sie könnten sich auf solche Weise, durch selbstständigen Betrieb des Wallfischfanges, eine so angenehme, vortheilhafte, ehrenvolle und zugleich so freie Stellung erwerben, wie in der That nur dieser Zweig des Seewesens allein sie möglich macht. Am leichtesten ausführbar, daher am häufigsten in's Werk gesetzt, und fast zur allgemeinen Regel geworden, scheint jedoch, wie gesagt, ein derartiges Verhältniß bei den griechischen Kauffahrern: und zwar ungeachtet der, meist dort so viel geringeren Mittel von Kapitain und Mannschaft. Woher das? Es liegt offenbar nicht an der geringeren Größe ihrer Schiffe, die somit freilich weit billiger herzustellen sind; ferner auch nicht an der Kürze ihrer Fahrten u. s. w. Vielmehr ist der Hauptgrund dazu gewiß die allgemein herrschende Ueberzeugung von den Vorzügen der, einmal dort eingebürgerten, schönen Einrichtung; die Neigung zu gegenseitiger Hülfe; das, ihr zum Grunde liegende allseitige Vertrauen; und der practische Sinn für zweckmäßige Verbindung Mehrerer zu Einem Zwecke.

Ein tüchtiger Kapitain, der selbstständig zu werden wünscht, und seine Mannschaft, erhalten dort ohne Schwierigkeit den nöthigen Credit: zunächst von einem Holzhändler, für das erforderliche Bauholz; ebenso von einem Baumeister, für den Bau selbst, welchen sie zugleich beaufsichtigen, theilweise auch mit ausführen helfen*). Ein oder mehrere Kaufleute sorgen für alles nöthige Uebrige, und geben zugleich die erste Fracht zu verladen. Der Erwerb wird nun in 3 gleiche Theile getheilt. Zwei Drittel erhalten die Gläubiger; das übrige bleibt für Kapitain und Mannschaft zur Bestreitung ihrer Lebensbedürfnisse. Bei ihrer bekannten, ausgezeichneten Genügsamkeit reicht dies vollkommen zu; und nach wenigen Fahrten, zuweilen schon nach 3 bis 4 derselben, oder höchstens nach so viel Jahren, sind ihre Schulden abgetragen. — Nun fängt gewöhnlich der Kapitain seinerseits an, Denjenigen von der Mannschaft, welche es wünschen, namentlich den Aelteren, ihren so erworbenen verhältnißmäßigen Eigenthums-Antheil von seinem höheren eigenen Gewinne herauszuzahlen u. s. w.

Wer jedoch ausscheidet, thut es mit der Aussicht auf eine gesicherte Zukunft. Er findet dann, besonders in Hafenstädten, vermöge der so erworbenen Mittel immer Gelegenheit, irgend ein, seinen Verhältnissen angemessenes Geschäft zu begründen. Ist dies vollends, wie gewöhnlich, ein solches, welches irgendwie mit seinem früheren Gewerbe zusammenhängt; so wird es dem Ordentlichen damit nicht leicht mißlingen. Denn einerseits wird er sich alsdann, vermöge seiner Erfahrung als Seemann, vorzugsweise dafür eignen; besonders, wenn es ein früher von ihm erlerntes und vielleicht auch noch auf dem Schiffe mit fortbetriebenes Handwerk ist. (Bekanntlich hat jedes größere, oder zu langen Fahrten bestimmte Schiff unter seiner Besatzung Handwerker verschiedener Art; und gerade ein Wallfischfahrer bedarf ihrer vorzugsweise.) Andererseits wird er stets mit Sicherheit vorzugsweise auf zahlreiche seemännische Kunden jeder Art rechnen dürfen. Sein ruhigeres Fortkommen ist daher gesichert.

Dagegen sehen die Matrosen unserer Kauffahrer jetzt im höheren Alter, besonders aber, wenn sie irgendwie leiblich verunglücken, meist bloß Noth und Elend vor

---

*) Wenn dies in Griechenland geschieht, bei uns aber noch täglich bei Hausunternehmern, wie sollten sich nicht auch Kapitalisten finden, welche Unternehmern zur See Credit gewährten? Möge ein Schultze-Delitzsch das bedenken und ein Hansemann mit seinem Kapital einen guten Anfang machen.

sich: so daß sie im besten Falle (nach langem Dienste auf Einem Schiffe) von der Großmuth ihrer Rheder abhängen, oder der Gemeinde zur Last fallen. Diese Last muß aber vollends um so größer werden, wenn solche Männer zugleich Familienväter sind.

Der letztere Punkt kommt nun freilich bei uns weniger oft vor, als anderswo. Doch eben diese häufige, gänzliche und gewiß mehr gezwungene, als freiwillige Ausschließung von einem geordneten Familienleben wird man in anderer Beziehung wahrlich nicht als vortheilhaft ansehen können.

Gerade dieser Umstand scheint mit ein wesentlicher Grund: warum unsere Matrosen, trotz ihrer weltbekannten Tüchtigkeit zur See, doch am Lande für meist unordentliche Menschen gelten, die häufig ihren, durch monatelange Arbeit schwer erworbenen Verdienst nachher in Häfen binnen weniger Tage und Nächte leichtsinnig durchbringen, ja ihn zuweilen mit wahrem Muthwillen vergeuden. Das mag leider zum großen Theile wahr sein; aber jetzt schwerlich in solchem Grade, wie früher, oder so allgemein, wie man oft glaubt. Ein großer Theil ist gewiß auch hier wieder „besser, als der Ruf" der Gesammtheit. Und bei vielen unter Denjenigen, welche den schlimmen alten Ruf noch rechtfertigen, macht dies allerdings zunächst mit in dem Mangel besserer Erziehung und genügenden Unterrichts liegen. Einen mindestens gleichen, wo nicht größeren Antheil daran hat aber gewiß auch hier, wie in so vielen anderen Fällen, der erwähnte Mangel an Aussicht auf eine gesicherte Zukunft &c.

In der That scheint auch die Sache anderswo gar nicht mehr so schlimm zu stehen, wie gerade bei uns. Namentlich gilt dies offenbar (trotz der so ungemein viel schlechteren Volkserziehung, wie diese außerhalb Deutschlands überall, und nicht am wenigsten in England besteht), schon von den englischen Matrosen &c.

Gleichwohl zählen dort selbst die Südseefahrer, obschon diese immer gleich 2—3 Jahre lang abwesend bleiben, unter ihren Matrosen viele Ehemänner; wenigstens unter den älteren. Dabei sind dies, wie sich leicht denken läßt, im Durchschnitte gerade die besten, ordentlichsten und zuverlässigsten Leute aus der ganzen Mannschaft.

Hierin liegt ohne Zweifel ein nicht unwesentlicher, moralischer und socialer Vorzug; ein Vorzug, der um so beachtenswerther scheint, je weniger sonst bekanntlich das gesammte deutsche Volk, durch alle Schichten hindurch, in sittlicher Beziehung irgend einem anderen nachsteht, oder je nachgestanden hat. Obiges Mittel wird aber, für seinen engern Kreis, überall geeignet sein, dergleichen Uebelstände mit allen, zum Theil so tief eingreifenden Folgen derselben zu beseitigen. Und Niemandem wird ein besseres Loos mehr zu gönnen sein, als unserem gesammten braven Schifferstande.

Wie sehr Deutschland sich hier zu größerer Thätigkeit aufgefordert fühlen sollte, zeigt ein Blick auf die Verhältnisse unseres Handels mit den „Vereinigten Staaten" Nordamerikas.

Abgesehen davon, daß wir ihnen beiläufig 9/10 unseres Bedarfs von Erzeugnissen des Wallfischfanges abnehmen; so ist zugleich unser gesammter (und bekanntlich sehr starker) anderweitiger Verkehr mit ihnen von der Art, daß er gleichfalls meist nur baares Geld aus deutschen Taschen zieht. Gerade die Vereinigten Staaten gehören nämlich, in Bezug auf den Umfang von Gegenabnahme unserer Erzeugnisse, nicht bloß gegenwärtig noch zu den alleruntergeordnetsten Kunden für uns, sondern sie werden dies auch vermuthlich noch sehr lange, wo nicht für immer, bleiben. Denn unsere Rohstoffe haben sie fast alle selbst im Ueberflusse. Sie können da also von uns Nichts brauchen; wohl aber versehen sie uns mit einer Menge anderer Gegenstände, die wir nicht erzeugen können, ihnen daher abnehmen müssen. Ihren Bedarf an Gewerbe- und Kunst-Erzeugnissen dagegen entnehmen sie meist anderswo; selten von uns. Auf diese Weise beläuft sich der Werth unserer gesammten Ausfuhr zu ihnen kaum auf viel mehr einfache Tausende von Thalern, als die, theils unmittelbare, theils mittelbare Einfuhr von ihnen zu uns Hunderttausende beträgt. Nichts kann aber natürlich auf die Dauer ungünstiger für uns sein, als ein so arges Mißverhältniß in Kauf und Gegenkauf.

Unter so bewandten Umständen wird es gewiß hohe Zeit für Deutschland, sich allmählich wenigstens da nach Möglichkeit unabhängig von Amerika zu machen, wo es füglich geschehen kann.

Dies würde aber nirgends und in keiner Beziehung so leicht und so vollständig geschehen können, wie es — schon vermöge unseres vortrefflichen und zugleich so beispiellos wohlfeilen Schiffbaues, — bei ernstlichem Wollen gerade in Betreff der Erzeugnisse des Wallfischfanges möglich sein müßte.

Bei ihm findet überdieß, weil er selbst Werthe erzeugt, nicht bloß schon erzeugte Waare verführt, auch nach allen Seiten hin die größte Unbeschränktheit Statt. Es kommt bei ihm z. B. Nichts, gar Nichts auf die, gegenwärtig immer noch so viel bestrittene Frag an: ob freie allgemeine Handels-Schifffahrt für Alle; oder ob und welche Unterscheidungszölle gegen diese oder jene Flagge des uns wohl- oder übelgesinnten Auslandes? Den Betrieb des Wallfischfanges geht dieß Alles nichts an: weil er eben gar kein bloßer „Handel", sondern eine wirkliche Production zur See ist, für die wir auf sehr lange Zeit hinaus stets einen mehr als hinreichenden Markt zu Hause haben werden. Demnach berührt ihn jener ganze lange Streit auch nicht entfernt; ebensowenig wie er z. B. den Handel irgend eines Staates mit seinen eignen Colonien, und die freie Einfuhr der in diesen gewonnenen Erzeugnisse nach dem Mutterlande, berühren kann.

Nun sind ferner gerade wir Deutsche leider sämmtlich außer Stande irgendwie durch eigene Colonien etwas zu gewinnen: da wir eben keine besitzen.*) Um so mehr sollten wir aber schon deshalb mit allem Nachdrucke den Wallfischfang treiben, da ja unter solchen Umständen bloß er, und nichts anderes, uns die Möglichkeit gewähren kann, auch Etwas außerhalb des eigenen Landes zu schaffen, (selbst zu erzeugen,) um so den Mangel an Colonieen mehr oder weniger zu ersetzen. — Machen wir es daher nur künftig nach Kräften ebenso, wie die Nordamerikaner, die auch keine Colonieen haben! Sie betrachten, wie wir sehen, kurzweg das Meer, so weit es viel Wallfische in demselben giebt, als ihre Colonie, indem sie beide Weltmeere unter allen Himmelsstrichen auf Wallfischfang ausbeuten: und zwar in solchem Maaße, daß sie allein jetzt aus demselben wohl sechs- bis achtmal so viel Gewinn ziehen, wie alle übrigen Völker der Erde zusammen genommen.

Dabei hatte diese ihre Quasi-„Colonie" den unschätzbaren Vortheil, daß sie ihnen, trotz ihrem unermeßlichen Gebietsumfange, nie einen Heller gekostet hat, noch je kosten wird, oder kann, weder um sie zu erobern noch zu beschützen, noch um sie zu verwalten u. s. w.

Also mit einem Worte: suchen wir, gleich ihnen, den Mangel an Colonieen und

---

*) Daß wir trotz des Mangels an Colonien, durch Verwerthung unserer Auswanderer im national-volkswirthschaftlichen Sinne uns stärken können, werden wir in einer Schrift, welche in den nächsten Tagen erscheint, beweisen.

die Unmöglichkeit, vermittelst solcher uns neue Werthe außerhalb des eignen Landes zu schaffen, nach Kräften durch den Wallfischfang zu mildern! Betrachten und benutzen auch wir das Meer, namentlich die Südsee als unsere Colonie.

Hoffentlich hat aber diese „Seehandpung" nun aufgehört, eine lähmende und abschreckende Bedeutung zu haben; wir erwarten demgemäß von dem Volke selbst eigene, nur auf eigenem Nutzen und eigene nationale Ausbildung berechnete Anstrengungen ohne irgend welchen Hinblick auf staatliche Factoren.

In den Jahren 1844 und 1845 gingen von Stettin aus zwei Schiffe à 300 Normal-Lasten auf den Wallfischfang in die Südsee. Beide kehrten nach ca. 3 Jahren zurück; doch war das Resultat wegen verschiedener unglücklichen Umstände (welche leider durch Nichtmittheilung dem allgemeinen Urtheile entzogen worden sind) nicht befriedigend und die Fahrten wurden nicht wiederholt. Diese Schiffe erhielten damals, wei sie die ersten waren, eine Prämie von 20 Thaler pro Normal-Last und ihr Fang durfte in Preußen zollfrei eingeführt werden.

Wenn man bedenkt, daß damals der Staat schon zur Begünstigung von Seeunternehmungen hinneigte, so läßt sich bei der jetzigen Seerevolution für alle Privatunternehmungen doppelte Aufmunterung und Unterstützung mit Recht erwarten.

Vor einigen Jahren ist auch von Wolgast aus ein Schiff auf Wallfischfang ausgegangen und zwar mit guten und reichen Mitteln, hat aber zum großen Schaden der Rheder aus noch nicht public gemachten Gründen ein kläglices Ende genommen.

In Vorstehendem liegt nun ein Theil der verdienstvollen Arbeit Herrn Dr. Globers unsern Lesern vor. Was werden dieselben sagen, wenn sie hören, daß von dem Buche, welches zu tausenden hätte verkauft werden müssen, in 15 Jahren nur 150 Exemplare abgesetzt, wovon obenein die Hälfte auf Bibliotheken, ein Viertheil von einsichtsvollen Gelehrten acquirirt worden sind. Das Königl. Preußische Landwirthschaftliche Ministerium noch nicht einmal einbegriffen!

Wie viel Käufer, die ohnehin nicht immer auch Leser sind, werden wohl da unter den Beamten sein, denen eine Ausbildung in fachlichen Wissenschaften zur Pflicht gemacht ist? Wie viele unter dem Adel, dem es dem übrigen Volke voranzugehen gebührt? Wie viele unter den Rhedern, welche gar kein besseres Mittel zur Aufklärung ihrer Ideen hätten finden können, wie viele endlich unter den Kaufleuten, Fabrikanten u. s. w.

Dies Factum zeigt den moralischen Tod Deutschlands wie kein anderes in maritim-industriellen Fragen.

Wir wollen hoffen, daß dieser Tod nur ein Scheintod war, und daß das fröhliche Hurrahgeschrei der kräftigen Fischermatrosen aller Nationen von Rockall herüber den deutschen Geist, — den bisher verkörpert in seinem Kaiser im Kyffhäuser lange grauenvolle Nacht umfangen hielt, — endlich wach rufen wird.

Etwaigen Naturen, die denn noch nicht aufwachen wollen; ebenso den deutschen Regierungen sei noch in Erwähnung gebracht, daß Orden, Rathstitel und andere Gnadengaben für einen Mann, der ein deutsches Schiff ausrüsten und auf den Fischfang in hoher See hinausschicken will, weiß Gott **hundertmal** passender sind, als für jenen Capitalisten der hunderte oder tausende in Fabriken congregirt und dem Staate ein eben so zahlreiches und sein Leben miserabel fristendes Proletariat heranzieht.

Noch ein Nachtrag zu Rockall.

Es wäre gut, eine Compagnie zu gründen von circa 50,000 ₰ jede in Actien von nur 1 bis 2 ₰ ohne weitere Verbindlichkeit. Stockfisch, Fischöl und Dünger-Compagnien! Jede derselben könnte 6 Schiffe haben, mit 20 bis 30 Mann an Bord die bei allen Wettern auf der Bank blieben, ein viertes als Fracht- und Proviantschiff, das vom Festlande stets hin und her führe, um frisches Wasser, Proviant und Salz, so von den gesalzenen Fisch nach dem Lande zu bringen, dann ein fünftes um den Abfall und die erlegten Hayen und andere nicht eßbaren Fische nach Düngerstationen abzuführen, endlich ein sechstes, dieses aber (welled) um lebendige Fische nach den Märkten zu bringen. Die ersten drei Stationsschiffe müßten mit Harpunen Wallfischboten und Leinen versehen sein, auch mit einigen Kettentakeln für die Hayen, deren Leber viel Oel giebt. Am Bord müßte jeden Tag Oel aus der frischen Leber fabricirt werden, weil dieses dann hohe Preise ergäbe. Dazu ist nichts weiter nöthig, als die Leber in eine trockene zinnerne Pfanne zu thun, und diese in kochendes Wasser zu stellen, worauf das Oel aus der Leber fließt. Darauf wird es durch Flannelbeutel gelassen und ist fertig für den Markt. Diese Pfannen werden sehr gut angefertigt von Mr. T. Statham, Zinnschmidt in Eyemouth, Berwickshire. Jedes Schiff muß Personen am Bord haben, die mit dem Ausnehmen, Aufschlitzen und Salzen des Fisches wohl vertraut sind. Die Welled-Schiffe müssen in höchstens zwei Tagen mit lebendigen Fischen geladen wieder abgehen, dazu muß Hülfsmannschaft aus den Stationsschiffen herangezogen werden. Diese müssen den Fisch lebendig nach einer Eisenbahnstation bringen, von wo aus sie ebenfalls lebendig in mit Wasser gehaltene Eisenkasten nach dem besten Markte gebracht werden.

(Der Times-Correspondent beschreibt, wie diese Fische ohne Haken und ohne Verwundung in tiefen Sack-Netzen gefangen werden können) Auf einer der unbewohnten Orkney-Inseln ließe sich wegen des schlimmen Geruchs, der damit verbunden ist, weil daselbst keine Hafenabgaben erhoben werden und endlich auch gutes vegetabilisches Material zur Mischung mit dem Fischmaterial vorhanden ist, eine sehr umfangreiche und ergiebige Guanofabrik anlegen. So würden Tausende von Tonnen im Jahre von besserm Guano als der von Peru hergestellt werden können. Kürzlich sei, erzählt Dr. Dawson, ein Amerikaner nach England gekommen, um ein ähnliches Fisch-Guano-Unternehmen für Neufundland am St. Lawrence zu gründen; denn in Amerika werde beschriebene Guano-Art besser befunden als der Peruvianische. Er empfiehlt Westray zum Einlaufen sowohl wie um Mannschaft einzunehmen, die vertraut ist mit dem Fischen, Salzen und Zurichten auf der Bank. Auch seien die Kaufleute von Westray im Stande, allen Fisch zu kaufen. In Stolnaway auf der Insel St. Louis sei auch eine gute Einlauf-Station, er wisse aber nicht, was dort zu haben sei. Bei Belderig, einem Orte im Norden von Mayo (Irland), sei ein tiefer Hafen, fast eine Meile breit; dieser liege 54⁰,19 nördlicher Breite, 9⁰,34 westlicher Länge. Er sei, der vorherrschenden Winde halber, ein guter Hafen und von Belderig würde schon in diesem Jahr nach vollendeter Eisenbahn von Mayo (Irland) der Fisch in 30 Stunden nach London gebracht werden können. Eine Londoner Firma hat 10,000 Ctr. von Stockfisch-Roggen zu übernehmen, die auf der Westküste von Frankreich als Köder (buit) gebraucht werden. Bisher sind von demselben Hause 6000 £ pro Jahr nach Norwegen für solchen Roggen gegangen. Die Fischer von Grimsby sind bereits einen Contract dafür eingegangen. Schließlich trägt der Dr. Dawson darauf an, daß ein großes Kriegsschiff auf Rockall rationirt werde, weil es nothwendig sei, buoys anzulegen um Unfällen vorzubeugen, bis die Ebbe und Fluth und das Reff ganz genau gekannt sein; denn es wäre gerade so ehrenhaft und nothwendig die große Flotte, die dieses Jahr sich dort versammeln werde, vor versteckten Felsen als vor irgend einem andern Feinde zu schützen."

Am 12. November gab die Times einen weiteren, 2 Spalten langen Brief von demselben Dr. Dawson als allgemeine Antwort auf die vielen Briefe aus allen Küstenorten Englands, Schottlands, Irlands und von Isle-Man, die er in Folge des obigen empfangen hatte. — Daraus theile ich das Wesentlichste in Folgendem mit: Die Bank von Rockal auf der die Herren Rhodes, Gardner und andere Fischmals-Capitaine im Monat August so großes Glück hatten und so ungeheure Schulen von großem, schönem und zahlreichem Fisch verschiedener Art fanden, ist 100 Miles lang und 40 breit. Der Fels steht von einer Mile ab aus wie ein großer Heuhaufen und steht 20 Fuß hoch aus der See, Oben ist er ganz flach und weiß von dem Dünger von Seevögeln, die dort im Sommer nisten. Es ist kein anderer Fels sichtbar, soll aber ein Felsriff von ihm bis auf 6 Miles auslaufen, das nur zwei bis fünf fathoms unter Wasser steht. Capt. Bolton glaubt von dem Gange (trifting) seines Schiffes während des Fischens bemerkt zu haben, daß die Ebbe einen Kreis um den Felsen machte — (hier überspringe ich, was schon früher gesagt ist.) Die Köpfe, Rückgrate und der andere Abfall sollten ja nicht über Bord geworfen werden, denn sie seien werthvoll und sie verjagen am Ende uns den Fisch. Die Leber der Cods gehört dem Master an Bord.

Die beste Leine ist die von Hay, Renfrewlane, Glasgow auf einer neuen Patentmaschine gemachte; sie ist dauerhaft, elastisch, schrumpft nicht und dreht sich nicht.

Der große Fischer E. Shimper rief schon im Monat November die Aufmerksamkeit des Handelsministeriums in einem an den Times gerichteten Briefe auf die große neuentdeckte Fisch-Bank, nachdem die bereits in der Times veröffentlichten Berichte der Capitaine Rhodes und Gardner über dieselbe durch seitdem gemachte Versuchsreisen dahin und dort vollbrachte Fischerei, völlig bestätigt waren, und ebenso die Thatsache, daß dort ungeheure (immense) Quantitäten von Stockfisch, Kabeljau, Wallfische u. s. w. seien. Er erklärte, daß er unfehlbar schon im Frühjahre mehrere Schiffe dahin aussenden werde, und verlangte mit anderen Rhedern, daß die Regierung einen Theil der Bank buoyen lasse. Die Bank sei in früheren Zeiten schon sondirt (surveyed) worden und es existirten davon Tiefenkarten.. Die Tausende von Menschenleben, die sich dort immer einstellen, hätten eine Berechtigung zu diesen buoys, um so mehr als England keine Fischprämien mehr gebe wie seine Nachbarn. Keine Klasse verdiene mehr Sympathie, als die der Fischer in offener See, denn sie wagten ihr Leben zu allen Zeiten. „Wir Fischerrheder, schließt er, vermindern die Last der Armensteuer, indem wir einer überschüssigen Volkszahl Erwerb geben und während wir eine überreichlich vorhandene, wohlfeile und gesunde Nahrung herbeischaffen und eine eisenfeste Race von Seemännern auferziehen, verwandeln wir so Englands Armuth in Reichthum und seine Schwäche in Stärke."

Zur Schonung der Fische.

Die Times sagt am 10. Mai 1861 unter der Ueberschrift „Oestliche Fischereien": Der Makrelenfang ist diesmal ein schwacher und die Boote kommen meist nur mit 300 bis 500 Stück zurück. Der Preis davon ist zu Yarmouth 52 s, für frischen, 40 s für zweitägigen, und 32 s für breitägigen Fisch pro Hundert. Nach der Times wurden zu Newquay jede Nacht gegen 2500 Heringe von jedem Boote gefangen und zu 45 pro 120 an der Küste von Devonshire hunderte von Schiffstonnen von Sprotten in der Woche und zu 2½ s per Scheffel verkauft. Was nicht nach dem Innern verführt werden konnte, wurde als Dünger verbraucht.

In der Times vom 19. April 1861 corrigirt der Ingenieur Major Fane Keane die Angabe eines Correspondenten über die Fischereien, daß der Lachs jedes Jahr 2 à 3 Pfund an Gewicht zunehme, dahin, daß er sagt, diese Fischgattung nähme 5, 7 und 8 Pfund in eben so vielen Wochen zu. (!) Der Beweis hiervon sei auf die verläßigste Weise dadurch gegeben, daß in der Brüteanstalt von Stromontfield von drei Unzen schwerer Lachs-smolt nach sicherer Zeichnung im März und April ausgelassen, im Juni und Juli desselben Jahres als Grilse-Lachs 5 und 6 Pfund schwer zurückgekommen. Diese Zunahme ist daher noch größer als die eines Schafs,

wenn man ihm 1 Pfd. Salz im Monat zukommen läßt, wofür es in die
6 Pfd. Fleisch anlegt, aber doch gehütet werden muß, was bei dem Fische ı
förderlich ist.

Es werde ein wahrhafter Kindermord (massacre of the innocents) l
Herabkommen des Fisches nach dem Süßwasser, an jedem Wehre begange
weitere Abschlachtung von zahllosen Millionen durch die Höllenmaschin(
Netze u. s. w.) in den Fluthgewässern, in welchen der junge Fisch bei nieder;
sein kurzes Leben nutzlos für den Menschen auf dem Trocknen aushauche. –
dasselbe gehe mit dem Mutterfische vor, der nachdem er matt und mager a
süßen Wasser, wo er seinen Laich untergebracht habe, damit derselbe bele
ben könne, in den meisten Fällen eben so ruhm- und nutzlos unterginge, wi
Eltern!

W. Dobb schätzt in seinem Werke über die „Alimentation London
Zufuhr von Fisch dahin auf 230,000 Tonnen und nimmt an, daß die{
Hälfte per Eisenbahn geschieht.

Der Times vom 19. November 1861 wird von Yarmouth aus gesch
Da der Heringsfang dieses Jahr etwas knapp war, war der Preis 11 bi
pro Last. (13,200 Fische).

Auf den Newquay-Fischereien haben die Boote von 1000 bis 7000, eine
sogar 14,000 Heringe in einer Nacht gefangen, die zu 3 bis 5 £ verkauft w
Zu Lowestoft sind große Quantitäten Fisch gelandet. Jedes Boot brachte
bis 7 Last Fische, im Ganzen 1,158,800 Heringe.

Ein berühmter Süßwasser-Fisch-Züchter W. Adams von Harborne gieb
Ansicht in der Times, daß bei allen Anstrengungen die Zucht des Süßwasser-{
besonders der Teichfische, wovon die Aale, Karpfen die ergiebigsten seien, au
annähernd, bei den unerschöpflichen Vorräthen, welche die See bietet, mi
vernünftigen Nutznießung des Seefisches konkurriren könnten.

Die Königlichen Kommissäre zur Untersuchung der westlichen Fischerei
richteten dieses Jahr, daß an mehreren Punkten die Lachsfischerei viel ergiebig
worden sei in Folge des früheren Einstellens des Fischens. Auch sei der Fi
gleich besser im Oktober als im März oder April. Die Laichzeit sei gleich nach
nachten und bauere bisweilen bis zum März.

Die Königlichen Fischerei-Kommissarien für die östlichen Fischereien schlu
ihrem neusten Berichte von 1861 vor, daß die Schonzeit für Lachs von 1. S
ber bis 1. Februar (mit Ausnahme einiger Wochen für Angeln aber bei V
des Verkaufs) festgesetzt würde. Sie wollen aber auch anderen Mißbräuchen {
„Dem Gesetze widerstrebe alles Monopol". Dem Grundsatze d
türlichen Vertheilung nach seien Alle gleich berechtigt an den Produkt:
Gewässer von der obersten Quelle bis zur See. Deßhalb und um des
meinen Interesses willen, habe das Gesetz stets sich den Hindernissen widersetzt,
man dem freien Durchzug des Lachses und anderer Fische entgegenstelle, sowol
auf als abwärts, ihrem natürlichen Instinkt folgend. Eine solche Obstru[ktio]
Lord Ellenborough als eine Ueberschreitung des Comon Law, welche keine ?
von Zeit gesetzlich machen kann, bezeichnet. Sie schlagen daher vor
alle festliegenden Fangvorrichtungen gesetzwidrig erklärt werden sollen, selbf
in den Estuarien und an der Küste; denn sie verscheuchten nur den Fisch, w
in großen Schwärmen herankomme. Diese Fangvorrichtungen seien alle von
Erfindung, sonst wären sie schon durch die alten Statuten verboten als dem
und dem Geist aller Fischerei zuwider. Alle Fallen bei Mühlen, L
müßten beseitigt und Lachs oder Fisch u. s. w. zum Ueberspringen des Fisch
gelegt werden. Kein Wehr dürfe eine absolute Sperre gegen den Fischdurchj
müsse darin der Königins-Durchlaß, eine mit diesem Namen bezeichnete Oel
beibehalten sein.